Springer-Lehrbuch

Springer
*Berlin
Heidelberg
New York
Barcelona
Hongkong
London
Mailand
Paris
Singapur
Tokio*

Horst Hanusch · Thomas Kuhn
Alfred Greiner

Arbeitsbuch zur Volkswirtschaftslehre 1

Unter Mitarbeit von
Markus Balzat

Zweite, überarbeitete Auflage

Mit 21 Abbildungen
und 5 Tabellen

Professor Dr. Horst Hanusch
Universität Augsburg
WiSo-Fakultät
Lehrstuhl für Volkswirtschaftslehre V
Universitätsstr. 16
86135 Augsburg
horst.hanusch@wiso.uni-augsburg.de

Professor Dr. Thomas Kuhn
TU Chemnitz-Zwickau
Fakultät für Wirtschaftswissenschaften
Lehrstuhl für Volkswirtschaftslehre IV
Reichenhainer Str. 39
09207 Chemnitz
t.kuhn@wirtschaft.tu-chemnitz.de

Professor Dr. Alfred Greiner
Universität Bielefeld
Wirtschaftswissenschaften
Universitätsstr. 25
33615 Bielefeld
agreiner@wiwi.uni-bielefeld.de

ISBN 3-540-42146-7 Springer-Verlag Berlin Heidelberg New York
ISBN 3-540-59249-0 1. Auflage Springer-Verlag Berlin Heidelberg New York

Die Deutsche Bibliothek – CIP-Einheitsaufnahme
Hanusch, Horst: Arbeitsbuch zur Volkswirtschaftslehre / Horst Hanusch; Thomas Kuhn; Alfred Greiner. – Berlin; Heidelberg; New York; Barcelona; Hongkong; London; Mailand; Paris; Singapur; Tokio: Springer
    (Springer-Lehrbuch)
    1. Aufl. u. d. T.: Hanusch, Horst: Arbeitsbuch zur Einführung in die Volkswirtschaftslehre
    1.–2., überarb. Aufl. – 1995, 2001
    ISBN 3-540-42146-7

Dieses Werk ist urheberrechtlich geschützt. Die dadurch begründeten Rechte, insbesondere die der Übersetzung, des Nachdrucks, des Vortrags, der Entnahme von Abbildungen und Tabellen, der Funksendung, der Mikroverfilmung oder der Vervielfältigung auf anderen Wegen und der Speicherung in Datenverarbeitungsanlagen, bleiben, auch bei nur auszugsweiser Verwertung, vorbehalten. Eine Vervielfältigung dieses Werkes oder von Teilen dieses Werkes ist auch im Einzelfall nur in den Grenzen der gesetzlichen Bestimmungen des Urheberrechtsgesetzes der Bundesrepublik Deutschland vom 9. September 1965 in der jeweils geltenden Fassung zulässig. Sie ist grundsätzlich vergütungspflichtig. Zuwiderhandlungen unterliegen den Strafbestimmungen des Urheberrechtsgesetzes.

Springer-Verlag Berlin Heidelberg New York
ein Unternehmen der BertelsmannSpringer Science+Business Media GmbH

http://www.springer.de

© Springer-Verlag Berlin Heidelberg 1995, 2001
Printed in Germany

Die Wiedergabe von Gebrauchsnamen, Handelsnamen, Warenbezeichnungen usw. in diesem Werk berechtigt auch ohne besondere Kennzeichnung nicht zu der Annahme, dass solche Namen im Sinne der Warenzeichen- und Markenschutz-Gesetzgebung als frei zu betrachten wären und daher von jedermann benutzt werden dürften.

Umschlaggestaltung: Design & Production GmbH, Heidelberg
SPIN 10840818   42/2202-5 4 3 2 1 0 – Gedruckt auf säurefreiem Papier

Vorwort zur 2. Auflage

In der vorliegenden 2. Auflage des Arbeitsbuches wurde das „Arbeitsbuch zur Einführung in die Volkswirtschaftslehre" vollständig überarbeitet und um zahlreiche neue Multiple-Choice-Aufgaben ergänzt. Die wichtigste Veränderung neben dem Titel betrifft die Gliederung des Arbeitsbuches. Beides haben wir der 5. Auflage des zugrundeliegenden Lehrbuches angepaßt, das zu Beginn des Jahres unter dem Titel „Volkswirtschaftslehre 1 – Grundlegende Mikro- und Makroökonomie" erschienen ist. In Anlehnung an den Aufbau des Lehrbuches folgt auch im Arbeitsbuch nach dem Teil „Grundlagen" der Teil „Mikroökonomik" vor dem Teil „Makroökonomik". Die Lösungen zu den einzelnen Aufgaben aller drei Teile befinden sich nun am Ende des Arbeitsbuches. Um den Studierenden den Zugang zum Lehrstoff und die Überprüfung ihrer Kenntnisse zu erleichtern, sind diese häufig ausführlicher kommentiert worden als dies in der 1. Auflage der Fall war.

Besonders danken möchten wir Herrn Markus Balzat, der mit großer Sachkenntnis und Akribie an der 2. Auflage mitgearbeitet hat.

Augsburg, Chemnitz, Bielefeld,
im April 2001

Horst Hanusch
Thomas Kuhn
Alfred Greiner

Inhaltsverzeichnis

Aufgaben

Teil I:	Grundlagen	1
1.	Prinzipien der Volkswirtschaftslehre	1
2.	Knappheit, Tausch und Effizienz	5
3.	Märkte und Preise	16
4.	Der Staat	24
5.	Methodische Fragen	33
Teil II:	Mikroökonomische Theorie	37
6.	Konsum und Nachfrage	37
7.	Produktion und Angebot	49
8.	Preisbildung auf den Gütermärkten	56
9.	Der Arbeitsmarkt	59
10.	Marktversagen und Staatseingriffe	63
Teil III:	Makroökonomische Theorie	69
11.	Wirtschaftskreislauf und Sozialprodukt	69
12.	Grundzusammenhänge der Makroökonomik: Aggregiertes Angebot und aggregierte Nachfrage	77
13.	Nachfrageorientierte Makroökonomik	85
14.	Die Rolle des Geldes in der Makroökonomik	101
15.	Die makroökonomische Bedeutung der Phillips-Kurve	119
16.	Angebotsorientierte Makroökonomik	127
17.	Internationale Makroökonomik	139

Lösungen

Teil I:	Grundlagen	149
Teil II:	Mikroökonomische Theorie	154
Teil III:	Makroökonomische Theorie	158

Teil I:

Grundlagen

Bei **jeder** Aufgabe ist genau **eine** Antwort richtig.

1. Prinzipien der Volkswirtschaftslehre

Aufgabe 1

Was besagt das ökonomische Prinzip?

(1) Als Maximalprinzip verlangt es, mit maximalem Ressourcenaufwand ein gegebenes Produktionsergebnis zu erzielen.

(2) Als Maximalprinzip verlangt es, mit gegebenem Ressourcenaufwand ein maximales Produktionsergebnis zu erzielen.

(3) Als Minimalprinzip erfordert es, ein minimales Produktionsergebnis mit bestimmtem Ressourceneinsatz zu erzielen.

(4) Als Minimalprinzip erfordert es, ein bestimmtes Produktionsergebnis mit minimalem Ressourceneinsatz zu erzielen.

(a) Nur Alternative (1) ist korrekt.

(b) Nur Alternative (2) ist korrekt.

(c) Nur Alternative (3) ist korrekt.

(d) Nur Alternative (4) ist korrekt.

(e) Alternativen (1) und (3) sind korrekt.

(f) Alternativen (2) und (4) sind korrekt.

(g) Alternativen (2) und (3) sind korrekt.

Aufgabe 2

Welche der folgenden Aussagen zum Opportunitätskostenprinzip ist **falsch**?

(a) Opportunitätskosten bestehen darin, daß man durch seine Entscheidung für ein bestimmtes Güterbündel auf andere Alternativen verzichten muß.

(b) Gebrauchsgüter sind jene Konsumgüter, die zwar mehrmals, aber nur immer von einer Person genutzt werden können.

(c) Bei reinen öffentlichen Gütern sind die Kosten des Ausschlusses zu vernachlässigen im Vergleich zu den Kosten für die Bereitstellung.

(d) Volkswirtschaften müssen sich entscheiden zwischen privaten und öffentlichen Gütern, wobei die Rivalität im Konsum ein wesentliches Kriterium ist.

(e) Keine der Aussagen (a) bis (d) ist falsch.

Aufgabe 3

Wenn Märkte nicht so funktionieren wie die ideale Marktform der vollständigen Konkurrenz, spricht man in der Volkswirtschaftslehre von Marktversagen.
Worin können die Ursachen dafür liegen, daß es in der Realität zu Abweichungen vom theoretisch optimalen Marktergebnis kommt?

(a) – Einschränkungen des Wettbewerbs

(b) – Externalitäten im Konsumbereich

(c) – Markteintrittsbarrieren für potentielle Anbieter

(d) – Preisabsprachen zwischen mehreren Unternehmen am Markt

(e) Alle Alternativen (a) bis (d) sind mögliche Ursachen für Marktversagen.

(f) Keine der Alternativen (a) bis (e) ist richtig.

Aufgabe 4

Was wird in der Volkswirtschaftslehre unter dem Begriff „Kapital" verstanden?

(a) Das gesamte Geldkapital, welches in einer Volkswirtschaft im Umlauf ist.

(b) Die Summe aus Realkapital und Geldkapital in einer Volkswirtschaft.

(c) Das gesamte Geldvermögen aller Haushalte und Unternehmen.

(d) Alle produzierten Güter, die entweder noch nicht konsumiert sind oder überhaupt nicht konsumiert werden.

(e) Keine der Aussagen (a) bis (d) ist richtig.

Aufgabe 5

Eine der wichtigsten Aufgaben einer Volkswirtschaft besteht in der Koordination der einzelwirtschaftlichen Aktivitäten der Marktteilnehmer.
Welches der nachfolgend genannten ökonomischen Prinzipien hat **keinen** unmittelbaren Einfluß auf den Allokationsprozess?

(a) – das Prinzip der Güterknappheit

(b) – das Prinzip staatlicher Korrekturen

(c) – das Prinzip des abnehmenden Grenznutzens im Konsum

(d) – das Prinzip der Verteilungsgerechtigkeit

(e) – das Prinzip des innovativen Wandels

(f) Alle in den Antworten (a) bis (e) genannten Prinzipien beeinflussen unmittelbar den Allokationsprozess.

Aufgabe 6

In jüngster Vergangenheit hat sich besonders in den industrialisierten Volkswirtschaften gezeigt, daß der Produktionsfaktor „Wissen" immer bedeutender wird. Nehmen Sie an, daß der Einsatzfaktor „Wissen" den Charakter eines öffentlichen Gutes hat.

Wie verändern sich demzufolge die Aussagen zu den grundlegenden Problemen von Volkswirtschaften und dabei speziell zum Problem der Knappheit?

(1) Für den Inputfaktor „Wissen" besteht die gleiche Verwendungskonkurrenz wie für die beiden Faktoren Arbeit und Kapital.

(2) Für den Inputfaktor „Wissen" kann kein Preis verlangt werden, so daß die Unternehmen zwar bessere Produktionsmöglichkeiten erreichen, ihre gesamten Produktionskosten durch den Einsatz des Inputfaktors „Wissen" jedoch nicht ansteigen.

(3) Während sich der Preis für Kapital und Boden durch das Zusammenspiel von Angebot und Nachfrage bestimmt, steht „Wissen" kostenlos zur Verfügung.

(4) Diejenigen Unternehmen, die den Bestand des Inputfaktors „Wissen" erweitern (z.B. durch Innovationen), haben gegenüber ihren Konkurrenten keinen Wettbewerbsvorteil.

(a) Alle vier Aussagen sind richtig.
(b) Keine der Aussagen (1) bis (4) ist korrekt.
(c) Nur die Aussage (1) ist falsch, alle anderen Aussagen sind korrekt.
(d) Die Aussagen (1) und (4) sind falsch, die Aussagen (2) und (3) sind korrekt.
(e) Die Aussagen (2) und (3) sind falsch, die Aussagen (1) und (4) sind korrekt.
(f) Nur die Aussage (4) ist falsch, alle anderen Aussagen sind korrekt.

2. Knappheit, Tausch und Effizienz

Aufgabe 7

Wie können in einer Volkswirtschaft die Produktionsfunktionen für Gut 1 und Gut 2 aussehen, die eine lineare Produktionsmöglichkeitenkurve hervorbringen?

(a) Die Produktionsfunktionen für Gut 1 und Gut 2 sind monoton steigend und streng konkav.

(b) Die Produktionsfunktionen für Gut 1 und Gut 2 haben konstante Grenzerträge.

(c) Die Produktionsfunktionen für Gut 1 und Gut 2 sind streng konvex und monoton fallend.

(d) Die Produktionsfunktionen für Gut 1 und Gut 2 haben zunehmende Grenzerträge.

(e) Die Produktionsfunktionen für Gut 1 und Gut 2 sind streng konvex und monoton steigend.

(f) Keine der Antworten (a) bis (e) ist richtig.

Aufgabe 8

Gegeben ist eine Ökonomie, in der zwei Güter mit einem Einsatzfaktor produziert werden können. Die Produktionsfunktion für Gut 1 ist streng konkav, die für Gut 2 verläuft linear.
Welche der folgenden Aussagen gilt dann?

(a) Die Produktionsmöglichkeitenkurve ist konvex.

(b) Die Opportunitätskosten sind konstant.

(c) Das Gesetz der abnehmenden Opportunitätskosten gilt.

(d) Das Gesetz der zunehmenden Opportunitätskosten gilt.

(e) Die Produktionsfunktion für Gut 1 weist ebenso einen ertragsgesetzlichen Verlauf auf wie die Produktionsfunktion für Gut 1.

(f) Keine der Aussagen (a) bis (e) trifft zu.

Aufgabe 9

Gegeben ist eine gewöhnliche Produktionsmöglichkeitenkurve $C = C(L, I)$ mit zunehmenden Opportunitätskosten, die die maximale Produktion des Gutes C in Abhängigkeit des einzigen Inputfaktors L und des alternativ zu produzierenden Gutes I angibt.
Welche der folgenden Aussagen ist dann korrekt?

(1) Die Produktionsmöglichkeitenkurve ist konkav in I.

(2) Eine Erhöhung von L beeinflußt die Produktionsmöglichkeitenkurve nicht.

(3) Je größer die produzierte Menge von I ist, desto kleiner wird die Menge von C, auf die man verzichten muß, um eine zusätzliche Einheit von I zu produzieren.

(4) Alle Punkte innerhalb der Produktionsmöglichkeitenkurve, für die $C < C(L, I)$ gilt, sind effizient.

(5) Technischer Fortschritt beeinflußt die Produktionsmöglichkeitenkurve nicht.

(a) Nur Alternative (1) ist korrekt.

(b) Nur Alternative (2) ist korrekt.

(c) Nur Alternative (3) ist korrekt.

(d) Nur Alternative (4) ist korrekt.

(e) Nur Alternative (5) ist korrekt.

(f) Alternativen (1) und (2) sind korrekt.

(g) Alternativen (3) und (5) sind korrekt.

Aufgabe 10

Die Produktionsmöglichkeiten einer Volkswirtschaft sind in der Abbildung 1 durch die Kurve AA gegeben.

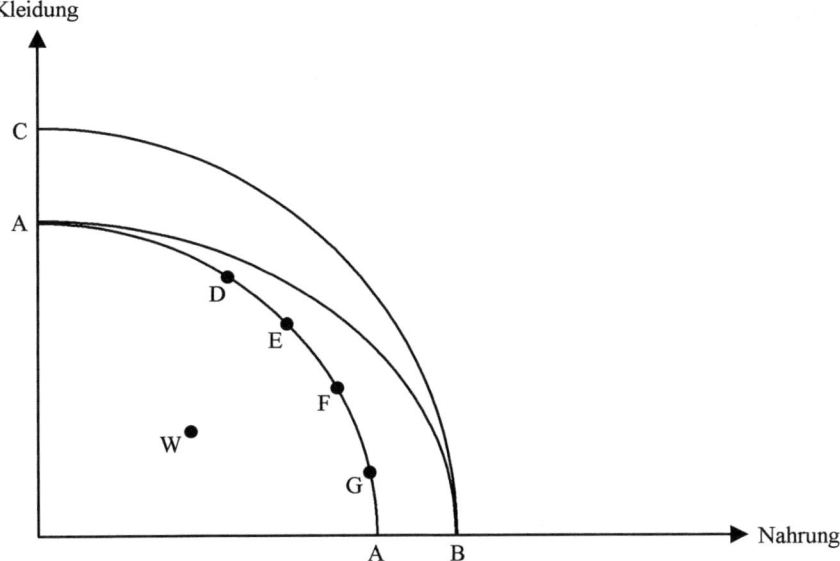

Abbildung 1

Worin kann die Ursache für eine Verschiebung von AA nach AB liegen?

(a) Ein Wandel in den Präferenzen der Bevölkerung, die mehr Nahrungsmittel und weniger Kleidung konsumieren möchte.

(b) Der Einsatz neuer Ressourcen ausschließlich in der Bekleidungsproduktion.

(c) Die Verwendung einer verbesserten Technologie sowohl in der Bekleidungs- als auch in der Nahrungsmittelproduktion.

(d) Nahrungsmittel wurden durch Bekleidung substituiert.

(e) Bei der Nahrungsmittelproduktion wurde eine bessere Technologie eingesetzt.

Aufgabe 11

Welche der Antworten (a) bis (e) trifft in Aufgabe 10 zu, wenn sich die Produktionsmöglichkeiten in Abbildung 1 von AA nach BC verschieben?

(a)

(b)

(c)

(d)

(e)

Aufgabe 12

Die Produktionsmöglichkeiten einer Volkswirtschaft sind durch die Kurve AA in Abbildung 1 gegeben. Den tatsächlich produzierten Output gibt der Punkt W wieder.
Was bedeutet dies?

(a) Es ist unmöglich, mehr Kleidung zu produzieren, ohne die Nahrungsmittelproduktion zu reduzieren.

(b) Entweder sind nicht alle verfügbaren Ressourcen in der Produktion eingesetzt oder sie sind nicht bestmöglich verwendet.

(c) Das Gesetz des abnehmenden Ertragszuwachses ist hier nicht erfüllt.

(d) Ein solcher Output kann nicht produziert werden.

Aufgabe 13

Die Produktionsmöglichkeiten einer Volkswirtschaft sind wiederum durch die Kurve AA in Abbildung 1 gegeben.
In welchem der Punkte D, E, F, G ist der Wert der Nahrungsmittel, gemessen in Opportunitätskosten, am größten?

(a) D

(b) E

(c) F

(d) G

(e) Die Opportunitätskosten sind in jedem der Punkte D, E, F und G gleich groß, weil all diese Punkte auf der Produktionsmöglichkeitenkurve liegen.

Aufgabe 14

Die Transformationskurve einer Volkswirtschaft zwischen Autos (A) und Motorrädern (M) ist gegeben durch die Funktion $A = 0{,}5 \cdot L^2 + K^2 - 0{,}06 \cdot M^2$. Der Arbeitsinput ist L und der Kapitalinput ist K (es gilt: $L \leq 200$, $K \leq 200$).
Wieviele Motorräder können maximal produziert werden?

(a) 60

(b) 100

(c) 1.000

(d) 10.000

(e) 60.000

(f) 100.000

Aufgabe 15

Wie groß sind die Opportunitätskosten in der vorherigen Aufgabe für zusätzliche Motorräder, wenn 100 Motorräder hergestellt werden?

(a) 3 Autos

(b) 6 Autos

(c) 12 Autos

(d) 18 Autos

(e) 600 Autos

(f) 10.000 Autos

Aufgabe 16

Nehmen Sie an, die Produktionsmöglichkeiten einer Volkswirtschaft können durch die Funktion AB in nachstehender Abbildung 2 dargestellt werden.

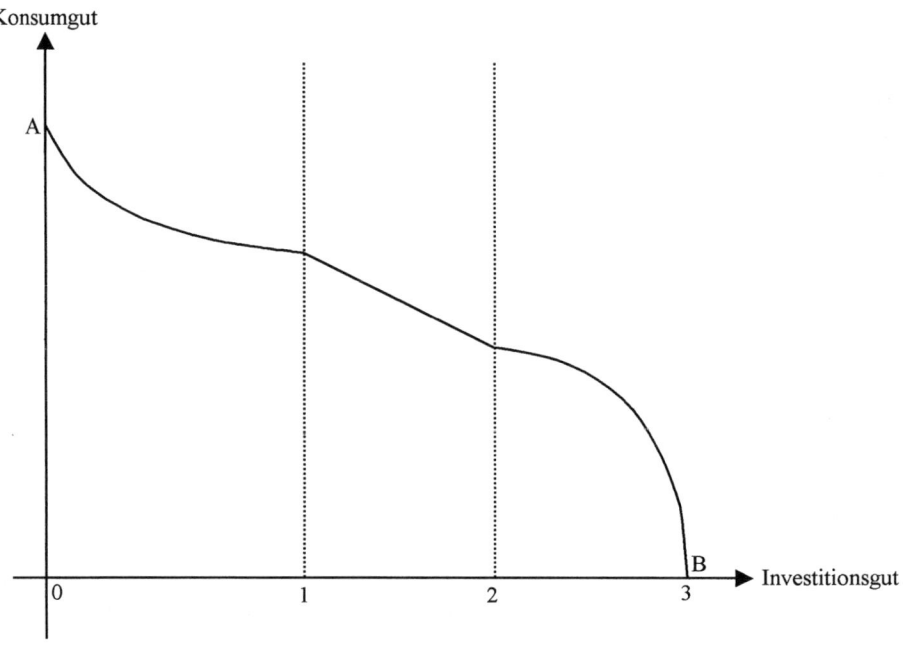

Abbildung 2

Welche der nachfolgenden Aussagen zu den Opportunitätskosten in der Produktion ist korrekt?

(a) Im Bereich [0;1[liegen konstante, im Bereich [1;2[abnehmende, im Bereich [2;3] zunehmende Opportunitätskosten vor.

(b) Im Bereich [0;1[liegen abnehmende, im Bereich [1;2[zunehmende, im Bereich [2;3] konstante Opportunitätskosten vor.

(c) Im Bereich [0;1[liegen zunehmende, im Bereich [1;2[abnehmende, im Bereich [2;3] konstante Opportunitätskosten vor.

(d) Im Bereich [0;1[liegen zunehmende, im Bereich [1;2[konstante, im Bereich [2;3] abnehmende Opportunitätskosten vor.

(e) Im Bereich [0;1[liegen abnehmende, im Bereich [1;2[konstante, im Bereich [2;3] zunehmende Opportunitätskosten vor.

(f) Im Bereich [0;1[liegen konstante, im Bereich [1;2[zunehmende, im Bereich [2;3] abnehmende Opportunitätskosten vor.

(g) Keine der Alternativen (a) bis (f) trifft zu.

Aufgabe 17

Gegeben ist eine gewöhnliche Transformationskurve C = C (L, I) mit zunehmenden Opportunitätskosten, die die maximale Produktion des Gutes C in Abhängigkeit des einzigen Inputfaktors L und des alternativ zu produzierenden Gutes I angibt. Der Staat erhebt nun auf den Inputfaktor L eine Proportionalsteuer s (es gilt: 0 < s < 1).
Worin bestehen dann die Auswirkungen auf die Produktionsmöglichkeitenkurve?

(a) In einer Erhöhung der Opportunitätskosten von Gut I und in einer Rechtsdrehung der Produktionsmöglichkeitenkurve (vom Ursprung weg).

(b) In einer Erhöhung der Opportunitätskosten von Gut I und in einer Linksdrehung der Produktionsmöglichkeitenkurve (zum Ursprung hin).

(c) In einer Senkung der Opportunitätskosten von Gut I und in einer Rechtsdrehung der Produktionsmöglichkeitenkurve (vom Ursprung weg).

(d) In einer Senkung der Opportunitätskosten von Gut I und in einer Linksdrehung der Produktionsmöglichkeitenkurve (zum Ursprung hin).

(e) In einer Verschiebung der Produktionsmöglichkeitenkurve nach innen (zum Ursprung hin) bei unveränderten Opportunitätskosten von Gut I.

(f) In einer Verschiebung der Produktionsmöglichkeitenkurve nach außen (vom Ursprung weg) bei unveränderten Opportunitätskosten von Gut I.

(g) Keine der Alternativen (a) bis (f) trifft zu.

Aufgabe 18

Eine stationäre Volkswirtschaft, in der die zwei Güter x und y produziert werden, verfügt über einen konstanten Bestand des einzigen Produktionsfaktors von 100 Einheiten und eine Transformationskurve mit konstanten Opportunitätskosten. Es können unter anderem folgende Kombinationen der beiden Güter x und y hergestellt werden: $(x; y) = (0; 25)$ und $(x; y) = (50; 0)$. Dabei wird der gesamte Bestand des Produktionsfaktors benötigt.
Kann diese Volkswirtschaft das Güterbündel $(x; y) = (40; 10)$ produzieren?

(a) Das Güterbündel $(x; y) = (40; 10)$ kann realisiert werden.

(b) Das Güterbündel $(x; y) = (40; 10)$ kann nicht realisiert werden.

(c) Für die Beantwortung der Frage muß die Produktionstechnologie explizit gegeben sein.

(d) Für die Beantwortung der Frage muß angegeben werden, ob es sich bei dem Produktionsfaktor um Arbeit oder Kapital handelt.

(e) Die Beantwortung der Frage hängt davon ab, ob sich der Geldmarkt im Gleichgewicht befindet.

(f) Keine der Alternativen (a) bis (e) ist richtig.

Aufgabe 19

In der Volkswirtschaft aus der vorigen Aufgabe findet technologischer Fortschritt statt. Nun sind die beiden Güterkombinationen $(x; y) = (0; 50)$ und $(x; y) = (50; 0)$ realisierbar. Die Produktivität in der Herstellung des Gutes y ist also gestiegen. Die Ressourcenausstattung bleibt dabei unverändert und die Opportunitätskosten sind nach wie vor konstant.
Kann die Volkswirtschaft das Güterbündel $(x; y) = (40; 10)$ produzieren?

(a) Das Güterbündel $(x; y) = (40; 10)$ kann realisiert werden.

(b) Das Güterbündel $(x; y) = (40; 10)$ kann nicht realisiert werden.

(c) Für die Beantwortung der Frage muß die Produktionstechnologie explizit gegeben sein.

(d) Für die Beantwortung der Frage muß angegeben werden, ob es sich bei dem Produktionsfaktor um Arbeit oder Kapital handelt.

(e) Keine der Alternativen (a) bis (d) ist richtig.

Aufgabe 20

Für eine Volkswirtschaft mit zwei Haushalten liegen konvexe soziale Indifferenzkurven und die konkave Nutzenmöglichkeitengrenze (Kurve ST) vor, wie sie in Abbildung 3 dargestellt sind. Das Nutzenniveau des Haushaltes 1 ist mit u_1, jenes des Haushaltes 2 ist mit u_2 bezeichnet.
Welche Aussage zu dieser Volkswirtschaft ist zutreffend?

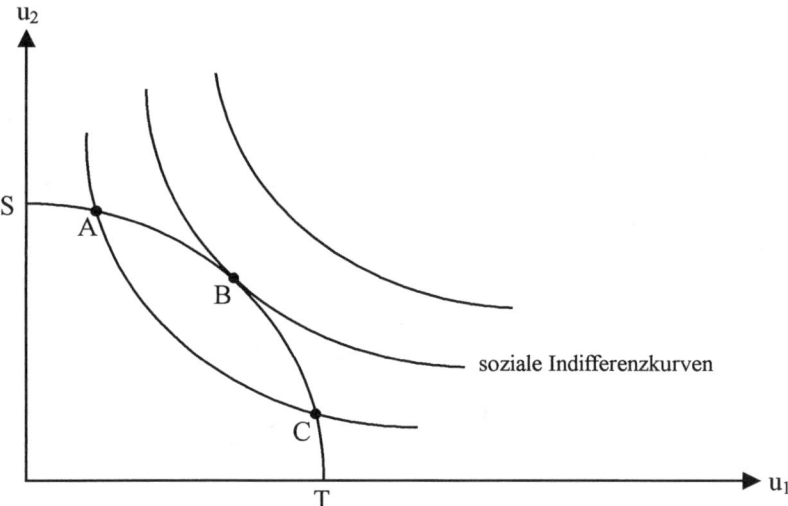

Abbildung 3

(a) Die Kurve ST gibt alle Kombinationen der Nutzenniveaus u_1 und u_2 an, die die gleiche gesellschaftliche Wohlfahrt hervorbringen.

(b) Die Punkte A und B repräsentieren die gleiche gesellschaftliche Wohlfahrt.

(c) Die Punkte S und T werden als Cournot-Punkte bezeichnet.

(d) Der Punkt B stellt in dieser Volkswirtschaft die wohlfahrtsmaximale Allokation dar.

(e) Der Punkt C kann nicht realisiert werden.

(f) Keine der Aussagen (a) bis (e) ist richtig.

Aufgabe 21

Betrachten Sie die in Abbildung 4 dargestellte Edgeworth-Box für eine Volkswirtschaft, die aus zwei Konsumenten besteht. Die Anfangsausstattung des Konsumenten 1 wird vom Ursprung 0 aus gemessen, die des Konsumenten 2 wird vom Punkt A aus gemessen.

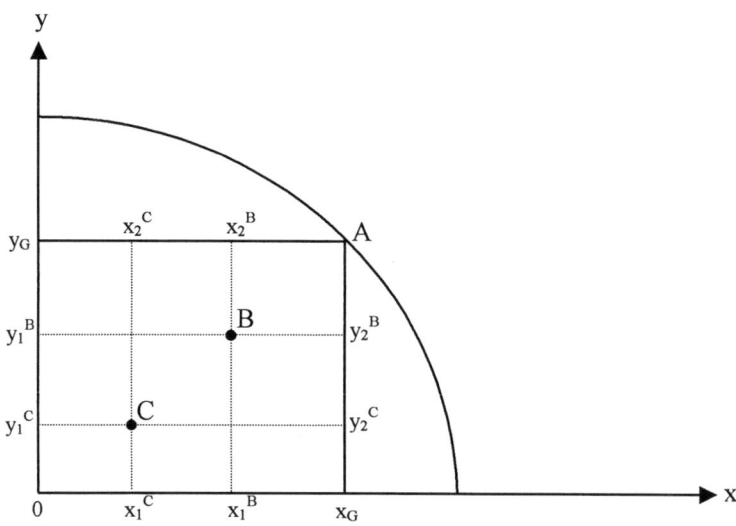

Abbildung 4

Die Gesamtmenge von Gut x beträgt x_G, jene von Gut y ist y_G.

Über welche Gütermengen von x und y verfügt Konsument 2, falls die Anfangsausstattung durch den Punkt B gegeben ist?

(a) x_1^B $\quad\quad$ y_1^B

(b) $x_G - x_2^B$ $\quad\quad$ $y_G - y_2^B$

(c) $x_G - x_1^B$ $\quad\quad$ $y_G - y_1^B$

(d) $x_G - x_1^C$ $\quad\quad$ $y_G - y_1^C$

(e) $x_G - x_2^C$ $\quad\quad$ $y_G - y_2^C$

(f) Keine der Alternativen (a) bis (e) ist richtig.

Aufgabe 22

Welche Gütermengen von x und y besitzt Konsument 1 in Abbildung 4, falls die Anfangsausstattung durch den Punkt C gegeben ist?

(a) $x_G - x_1^B$ $y_G - y_1^B$

(b) $x_G - x_2^B$ $y_G - y_2^B$

(c) x_1^B y_1^B

(d) $x_G - x_1^C$ $y_G - y_1^C$

(e) $x_G - x_2^C$ $y_G - y_2^C$

(f) Keine der Alternativen (a) bis (e) ist richtig.

Aufgabe 23

In welchem der drei Punkte A, B und C in Abbildung 4 ist der Nutzen des Konsumenten 2 am größten, wenn die Indifferenzkurven beider Konsumenten wie üblich konvex zum jeweiligen Ursprung verlaufen?

(a) Punkt A

(b) Punkt B

(c) Punkt C

(d) Der Nutzen des Konsumenten 2 ist in allen drei Punkten A, B und C gleich groß.

(e) Über den Nutzen aus dem Güterkonsum kann mit den vorliegenden Angaben keine Aussage getroffen werden.

(f) Keine der Alternativen (a) bis (e) ist richtig.

3. Märkte und Preise

Aufgabe 24

In der folgenden Tabelle sollen die Beziehungen zwischen Angebot und Nachfrage auf Güter- und Faktormärkten angegeben werden.

Art des Marktes / Marktpartner	Faktormarkt	Gütermarkt
Anbieter	①	②
Nachfrager	③	④

Ordnen Sie den eingetragenen Zahlen in der Tabelle die passenden Begriffe zu.

(a) ① Haushalte (Faktornachfrage); ② Unternehmen (Güterangebot); ③ Unternehmen (Faktorangebot); ④ Haushalte (Güternachfrage).

(b) ① Unternehmen (Faktorangebot); ② Haushalte (Güterangebot); ③ Haushalte (Faktornachfrage); ④ Unternehmen (Güternachfrage).

(c) ① Haushalte (Faktorangebot); ② Unternehmen (Güterangebot); ③ Unternehmen (Faktornachfrage); ④ Haushalte (Güternachfrage).

(d) ① Unternehmen (Faktorangebot); ② Unternehmen (Güterangebot); ③ Haushalte (Faktornachfrage); ④ Haushalte (Güternachfrage).

(e) Keine der Antworten (a) bis (d) ist richtig.

Aufgabe 25

Worauf deutet im Preis-Mengen-Diagramm eine fallende Marktnachfragekurve für ein Gut hin?

(a) Das Angebot übersteigt die Nachfrage und bewirkt eine Preisreduktion.

(b) Die Konsumenten kaufen normalerweise mehr von dem Gut, wenn das Einkommen steigt.

(c) Es wird mehr nachgefragt, falls der Preis sinkt.

(d) Die Nachfrage nach dem Gut geht zurück, falls dieses aus der Mode kommt oder durch ein qualitativ besseres Produkt ersetzt wird.

(e) Keine der Alternativen (a) bis (d) trifft zu.

Aufgabe 26

Falls sich im Preis-Mengen-Diagramm die Nachfragekurve für ein Gut nach unten verschiebt, kann dies den folgenden Grund haben:

(a) Das verfügbare Angebot des Gutes ist zurückgegangen.

(b) Der Preis des Gutes ist gestiegen und als Folge davon ist die Nachfrage der Konsumenten nach diesem Gut zurückgegangen.

(c) Die Präferenzen haben sich zugunsten dieses Gutes verändert und die Konsumenten möchten bei jedem Preis mehr kaufen als zuvor.

(d) Der Preis des Gutes ist gefallen und in der Folge davon ist die Nachfrage der Konsumenten gestiegen.

(e) Keiner der in den Antworten (a) bis (d) genannten Gründe trifft zu.

Aufgabe 27

Worin kann unter den üblichen ökonomischen Annahmen die Ursache dafür liegen, daß sich im Preis-Mengen-Diagramm eine gewöhnliche Nachfragekurve für ein Gut x nach rechts verschiebt?

(a) Das verfügbare Angebot des Gutes x hat sich erhöht.

(b) Der Preis des Gutes x ist gefallen und als Folge davon ist die Nachfrage der Konsumenten nach diesem Gut gestiegen.

(c) Der Preis des Gutes x ist gestiegen und als Folge davon ist die Nachfrage der Konsumenten nach diesem Gut gestiegen.

(d) Der Preis eines Komplementärgutes ist gefallen und in der Folge davon hat sich die Nachfrage der Konsumenten für das Gut x erhöht.

(e) Die Angebotskurve hat sich verschoben und in der Folge davon hat sich die Nachfrage der Konsumenten für das Gut x erhöht.

(f) Der Preis eines Substitutionsgutes ist gefallen.

(g) Keine der Alternativen (a) bis (f) trifft zu.

Aufgabe 28

Angebotskurven werden im Preis-Mengen-Diagramm normalerweise als monoton steigend dargestellt.
Was bedeutet dies?

(a) Jeder Anstieg in den Produktionskosten führt zu einem höheren Preis.

(b) Die Konsumenten werden umso mehr kaufen, je niedriger der Preis ist.

(c) Die Anbieter möchten umso mehr verkaufen, je höher der Preis ist.

(d) Die Anbieter müssen umso mehr verkaufen, je niedriger der erzielbare Preis ist.

(e) Keine der Alternativen (a) bis (d) trifft zu.

Aufgabe 29

Wie wirkt sich im Preis-Mengen-Diagramm ein Anstieg in den Produktionskosten eines Gutes aus?

(a) Die Nachfragekurve verschiebt sich nach oben.

(b) Die Angebotskurve verschiebt sich nach oben.

(c) Sowohl die Angebots- als auch die Nachfragekurve verschieben sich nach oben.

(d) Die Angebotskurve verschiebt sich nach unten.

(e) Es gehen keine Wirkungen auf Angebots- oder Nachfragekurve aus.

(f) Keine der Alternativen (a) bis (e) ist richtig.

Aufgabe 30

Welche der folgenden Behauptungen ist richtig?

(a) Eine Einkommenserhöhung der Konsumenten verschiebt die Angebots- und Nachfragefunktion.

(b) Das Gesetz von Angebot und Nachfrage wurde im Jahre 1949 vom Deutschen Bundestag verabschiedet.

(c) Eine Änderung der Faktorpreise verändert zwar die Angebotsmenge, verschiebt jedoch nicht die Angebotsfunktion.

(d) Der Gleichgewichtspreis und die gleichgewichtige Menge reagieren auf eine Änderung in den Präferenzen der Konsumenten nicht, weil ein Gleichgewicht als ein stabiler Zustand charakterisiert ist.

(e) Keine der Alternativen (a) bis (d) trifft zu.

Aufgabe 31

Falls der Preis eines Gutes auf einem Markt mit vollständiger Konkurrenz 5 Euro beträgt, die Konsumenten bei diesem Preis 4.000 Einheiten dieses Gutes wöchentlich kaufen und die Produzenten 5.000 Einheiten verkaufen möchten, dann geschieht unter den üblichen ökonomischen Annahmen folgendes:

(a) Der Preis wird unter 5 Euro fallen und die Anbieter werden weniger als 5.000 Einheiten anbieten.

(b) Der Preis wird über 5 Euro steigen und die Anbieter werden mehr als 5.000 Einheiten anbieten.

(c) Der Preis wird unter 5 Euro fallen und die Konsumenten werden weniger als 4.000 Einheiten kaufen.

(d) Der Preis wird über 5 Euro steigen und die Anbieter werden weniger als 5.000 Einheiten anbieten.

(e) Diese Situation kann in einem Markt bei vollständiger Konkurrenz nicht vorkommen.

Aufgabe 32

$p_A(x_A) = 0{,}5 \cdot x_A + 2$ ist die Marktangebotsfunktion und $p_N(x_N) = -\,0{,}5 \cdot x_N + 4$ ist die Marktnachfragefunktion mit x_A bzw. x_N als angebotene bzw. nachgefragte Menge und $p_A(x_A)$ bzw. $p_N(x_N)$ als Angebots- bzw. Nachfragepreis in Abhängigkeit der jeweiligen Menge.

Welches Gleichgewicht $(p^*; x^*)$ stellt sich auf diesem Markt ein?

(a) $(p^*; x^*) = (2; 4)$

(b) $(p^*; x^*) = (3; 2)$

(c) $(p^*; x^*) = (1; 5)$

(d) $(p^*; x^*) = (0{,}5; -0{,}5)$

(e) $(p^*; x^*) = (6; 2)$

(f) $(p^*; x^*) = (2; 0{,}5)$

(g) Es existiert kein Gleichgewichtspunkt.

Aufgabe 33

Auf einem Markt für ein homogenes Gut ist die Marktangebotsfunktion $x_A(p_A) = 2 \cdot p_A - 8$. Die Marktnachfragefunktion des Gutes mit der Menge x und dem Preis p ist $p_N(x_N) = -\,0{,}5 \cdot x_N + 2$.

Durch welchen Punkt ist das Marktgleichgewicht $(p^*; x^*)$ gegeben?

(a) $(p^*; x^*) = (2; 4)$

(b) $(p^*; x^*) = (2; 3)$

(c) $(p^*; x^*) = (3; 2)$

(d) $(p^*; x^*) = (0{,}5; -0{,}5)$

(e) $(p^*; x^*) = (8; 4)$

(f) Es existiert kein Gleichgewichtspunkt.

Aufgabe 34

Gegeben ist die Situation von Aufgabe 33.

Wozu führt eine Erhöhung der Konsumenteneinkommen?

(a) Sie hat keinen Einfluß auf das Gleichgewicht, weil das Gleichgewicht stabil ist.

(b) Sie führt dazu, daß die Produzenten bei jedem Preis mehr anbieten.

(c) Sie führt dazu, daß die Nachfragekurve nach rechts verschoben wird, wobei mit dieser Angabe keine Aussagen über die Werte von Gleichgewichtspreis und gleichgewichtiger Menge getroffen werden können.

(d) Sie wird von den Anbietern mit einer Erhöhung der Angebotspreise beantwortet.

(e) Sie führt zu einer Verlängerung der Ladenöffnungszeiten.

Aufgabe 35

Für das Gut x wird das Marktangebot durch die Funktion $p_A(x_A) = x_A^2 - 10$ angegeben, die Marktnachfragefunktion lautet $x_N(p_N) = 20 - p_N$. Der Güterpreis ist p.
Welche Antwort gibt demzufolge das Marktgleichgewicht $(p^*; x^*)$ an?

(a) $(p^*; x^*) = (5; 15)$

(b) $(p^*; x^*) = (15; 5)$

(c) $(p^*; x^*) = (10; 3)$

(d) $(p^*; x^*) = (4; 6)$

(e) $(p^*; x^*) = (3; 10)$

Aufgabe 36

Auf einem Markt herrscht die Situation aus Aufgabe 35. In der darauffolgenden Periode stellt sich ein neues Gleichgewicht bei einem niedrigeren Preis und einer geringeren Menge ein.
Wodurch kann es zur Bildung dieses neuen Gleichgewichts gekommen sein?

(a) Durch eine Erhöhung der Preise der Inputfaktoren.

(b) Durch eine Senkung der Preise der Inputfaktoren.

(c) Durch eine Preissenkung eines normalen Gutes, das als Komplementärgut für Gut x dient.

(d) Durch eine Preissenkung eines Gutes, das als Substitut für Gut x dient.

(e) Keine der Alternativen (a) bis (d) trifft zu.

Aufgabe 37

Welche der nachfolgenden Alternativen ist – ceteris paribus – korrekt, wenn gewöhnliche Angebots- und Nachfragebeziehungen unterstellt werden?

(a) Je preiselastischer das Angebot ist, desto stärker steigt die nachgefragte Menge bei einer Preiserhöhung.

(b) Je preisunelastischer die Nachfrage ist, desto stärker sinkt die nachgefragte Menge bei einer Preiserhöhung.

(c) Je preiselastischer das Angebot ist, desto stärker steigt die angebotene Menge bei einer Preissenkung.

(d) Je preisunelastischer das Angebot ist, desto stärker steigt die angebotene Menge bei einer Preiserhöhung.

(e) Je preiselastischer die Nachfrage ist, desto stärker sinkt die nachgefragte Menge bei einer Preiserhöhung.

(f) Je preiselastischer das Angebot ist, desto stärker sinkt die angebotene Menge bei einer Preiserhöhung.

Aufgabe 38

Gegeben ist die Nachfragefunktion $x(p) = \alpha \cdot p^{-\beta}$. Die Menge wird durch x, der Preis durch p angegeben. Die Konstanten α sowie β sind positiv.

Wie verändert sich die Preiselastizität der Nachfrage, wenn sich eine lineare Angebotsfunktion aufgrund technologischen Fortschritts verschiebt?

(a) Die Preiselastizität der Nachfrage bleibt positiv, sinkt aber absolut.

(b) Die Preiselastizität der Nachfrage bleibt negativ, sinkt aber absolut.

(c) Die Preiselastizität der Nachfrage bleibt positiv, steigt aber absolut.

(d) Die Preiselastizität der Nachfrage bleibt negativ, steigt aber absolut.

(e) Die Preiselastizität der Nachfrage bleibt positiv und konstant.

(f) Die Preiselastizität der Nachfrage bleibt negativ und konstant.

4. Der Staat

Aufgabe 39

Welche Aufgaben hat der Staat in einer gemischten Wirtschaftsordnung?

(a) Die Festlegung der wirtschaftlichen Rahmenbedingungen.

(b) Die Reallokation der Ressourcen, um höhere Effizienz zu erreichen.

(c) Die Stabilisierung der Konjunktur durch den Einsatz von Fiskal- oder Geldpolitik.

(d) Alle Alternativen (a) bis (c) treffen zu.

(e) Keine der Alternativen (a) bis (d) trifft zu.

Aufgabe 40

Welches der folgenden Ziele gehört **nicht** zu den im Stabilitäts- und Wachstumsgesetz verankerten Zielen?

(a) – Soziale Gerechtigkeit

(b) – Preisniveaustabilität

(c) – Wirtschaftswachstum

(d) – Vollbeschäftigung

(e) – Außenwirtschaftliches Gleichgewicht

(f) Alle unter (a) bis (e) genannten Ziele sind im Stabilitäts- und Wachstumsgesetz enthalten.

Aufgabe 41

Wodurch läßt sich ein öffentliches Gut charakterisieren?

(a) Die Kosten des Ausschlusses sind niedrig und die Grenzkosten des Konsums eines zusätzlichen Nutzers sind gering.

(b) Die Kosten des Ausschlusses sind hoch und die marginalen Kosten eines zusätzlichen Nutzers sind gering.

(c) Die Kosten des Ausschlusses sind gering und die marginalen Kosten eines zusätzlichen Nutzers sind hoch.

(d) Die Kosten des Ausschlusses sind hoch und die marginalen Kosten eines zusätzlichen Nutzers sind hoch.

(e) Die Kosten des Ausschlusses und die marginalen Kosten des Konsums sind irrelevant.

Aufgabe 42

In einer Volkswirtschaft wird technisches Wissen geschaffen, welches die Merkmale eines reinen öffentlichen Gutes aufweist. Es wird von allen Unternehmen in der Güterproduktion als Inputfaktor eingesetzt.
Welche der nachfolgenden Aussagen trifft dann **nicht** zu?

(a) Das technische Wissen kann von allen Unternehmen gleichzeitig als Inputfaktor genutzt werden.

(b) Kein Unternehmen kann von der Nutzung des technischen Wissens ausgeschlossen werden.

(c) Der Inputfaktor technisches Wissen muß vom Staat zur Verfügung gestellt werden, da kein Privatunternehmen dieses anbieten wird.

(d) Private Unternehmen müssen für den Inputfaktor technisches Wissen einen Preis bezahlen, der sich durch Angebot und Nachfrage bestimmt.

(e) Die Kosten für die Bereitstellung des Inputfaktors technisches Wissen werden voraussichtlich in erster Linie über Steuern gedeckt.

(f) Keine der Alternativen (a) bis (e) trifft zu.

Aufgabe 43

Welche Wirkungen können negative externe Effekte haben?

(1) Sie können zu Fehlallokationen von Produktionsfaktoren und Ineffizienzen auf einem Markt führen.

(2) Sie können zu Kosten führen, die von der Allgemeinheit getragen werden.

(3) Sie können zu Wirkungen führen, die über den Markt entschädigt oder abgegolten werden.

(a) Nur Aussage (3) ist korrekt.

(b) Nur die Aussagen (1) und (3) sind korrekt.

(c) Nur die Aussagen (2) und (3) sind korrekt

(d) Nur die Aussagen (1) und (2) sind korrekt.

(e) Keine der Alternativen (a) bis (d) trifft zu.

Aufgabe 44

Gegeben ist eine Volkswirtschaft mit vollkommener Konkurrenz. Die Güterproduktion in der Volkswirtschaft führt zu Luftverschmutzung, die die im Privatbesitz befindlichen Wälder nachhaltig schädigt. Die Waldbesitzer werden dafür jedoch nicht entschädigt.

Prüfen Sie aus ökonomischer Sicht die Richtigkeit der nachfolgenden Aussagen.

(1) Die Luftverschmutzung wird als negativer externer Effekt bezeichnet.

(2) Die Luftverschmutzung wird als positiver externer Effekt bezeichnet.

(3) Da in der Volkswirtschaft vollkommene Konkurrenz herrscht, ergibt sich eine pareto-optimale Situation.

(4) Die Luftverschmutzung bewirkt, daß das Marktergebnis eine ineffiziente Allokation der Ressourcen liefert.

(a) Nur Aussage (1) ist korrekt.

(b) Nur Aussage (2) ist korrekt.

(c) Nur Aussage (3) ist korrekt.

(d) Nur Aussage (4) ist korrekt.

(e) Aussagen (1) und (4) sind korrekt.

(f) Aussagen (1), (3) und (4) sind korrekt.

(g) Keine der Alternativen (a) bis (f) trifft zu.

Aufgabe 45

Prüfen Sie, welche der nachfolgenden vier Aussagen bezüglich der Lorenzkurve und des Gini-Koeffizienten korrekt sind.

(1) Der typische Verlauf der Lorenzkurve ist konvex.

(2) Je größer der Gini-Koeffizient, desto gleicher ist die Verteilung der Einkommen in einer Volkswirtschaft.

(3) Es besteht kein Zusammenhang zwischen Gini-Koeffizient und Lorenzkurve.

(4) Mit Hilfe der Lorenzkurve kann man die Ungleichheit einer Verteilung der Einkommen veranschaulichen.

(a) Nur Aussage (1) ist korrekt.

(b) Nur Aussage (2) ist korrekt.

(c) Nur Aussage (3) ist korrekt.

(d) Nur Aussage (4) ist korrekt.

(e) Aussagen (1) und (4) sind korrekt.

(f) Aussagen (1), (2) und (4) sind korrekt.

Aufgabe 46

Betrachten Sie die beiden Lorenzkurven, die in folgender Abbildung 5 dargestellt sind.

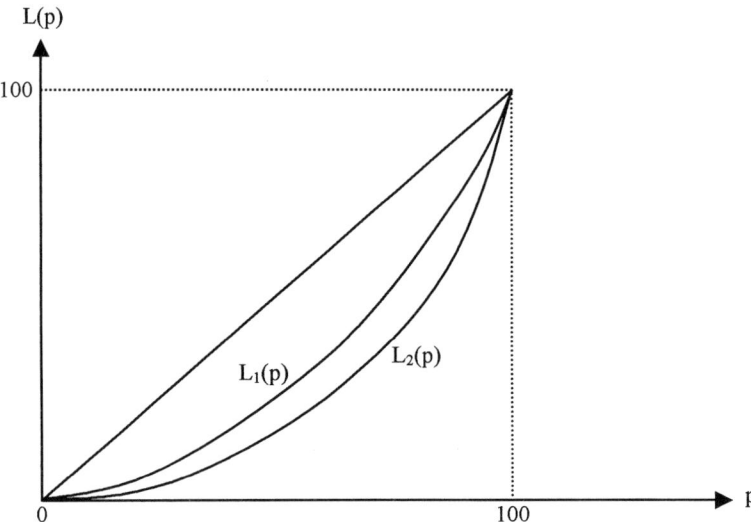

Abbildung 5

Dabei bezeichnet p die kumulierten Einkommensbezieher, $L_i(p)$ kennzeichnet die Lorenzkurve für Land i (i = 1, 2).
Welche der nachfolgenden Aussagen ist richtig?

(a) Der Gini-Koeffizient der Verteilung $L_1(p)$ ist größer als jener der Verteilung $L_2(p)$.

(b) Der Gini-Koeffizient der Verteilung $L_2(p)$ ist größer als derjenige von Verteilung $L_1(p)$.

(c) Die Einkommensverteilung $L_1(p)$ ist gleichmäßiger als die Einkommensverteilung $L_2(p)$.

(d) Die Einkommensverteilung $L_2(p)$ ist gleichmäßiger als die Einkommensverteilung $L_1(p)$.

(e) Alternativen (b) und (c) sind korrekt.

(f) Alternativen (a) und (c) sind korrekt.

(g) Keine der Alternativen (a) bis (f) trifft zu.

Aufgabe 47

Welche der folgenden Aussagen läßt sich **nicht** aus der Abbildung 5 der vorigen Aufgabe ablesen?

(a) Der Gini-Koeffizient von Land 1 ist geringer als der von Land 2.

(b) Die Einkommensverteilung in Land 1 kommt einer Gleichverteilung näher als die Einkommensverteilung in Land 2.

(c) Beide Lorenzkurven informieren über die personale Einkommensverteilung.

(d) Das Steuersystem von Land 1 ist gerechter als das Steuersystem von Land 2.

(e) Für jeden Wert $0 \leq p \leq 100$ sind die Einkommen von Land 1 mindestens genauso gleichmäßig verteilt wie die Einkommen von Land 2.

Aufgabe 48

In einer Volkswirtschaft erhalten 10 Prozent der Haushalte ein Einkommen von 0. Das gesamte Einkommen wird dann auf die restlichen 90 Prozent der Haushalte gleichmäßig aufgeteilt.
Wie groß ist der Gini-Koeffizient?

(a) 0,2

(b) 0,9

(c) 0,8

(d) 0,1

(e) 0,45

(f) Mit diesen Angaben kann der Gini-Koeffizient nicht berechnet werden.

Aufgabe 49

Die Lorenzkurve L(p) für eine Volkswirtschaft sei für den Bereich [0;1] gegeben durch $L(p) = p^2$, wobei p die kumulierten Einkommensbezieher bezeichnet und der Wert 1 für 100 Prozent steht.
Wie groß ist für diese Volkswirtschaft der Gini-Koeffizient?

(a) 1/6

(b) 5/6

(c) 1/4

(d) 3/4

(e) 1/3

(f) 2/3

(g) Keine der Antworten (a) bis (f) ist richtig.

Aufgabe 50

Es liegt eine gewöhnliche, das heißt konvex verlaufende Lorenzkurve vor. Dabei gilt folgende Beziehung:

$$\int_0^1 L(p) = 2/5$$

Die kumulierten Einkommensbezieher werden mit p bezeichnet (1 entspricht 100 Prozent), L(p) ist die Lorenzkurve als Funktion von p.

Welchen Wert hat der Gini-Koeffizient?

(a) (1 − 2/5) / 0,5

(b) 2/5

(c) 1 − 4/5

(d) 4/5

(e) 8/5

(f) 2/5 − 1

(g) Keine der Alternativen (a) bis (f) trifft zu.

Aufgabe 51

Für Entenhausen ist folgende Einkommensliste bekannt:

Name	Einkommen
Dagobert Duck	100.000
Mickey Mouse	70.000
Donald Duck	40.000
Panzerknacker	35.000

Für Universitätsland ist die Einkommensverteilung folgendermaßen:

Name	Einkommen
Professor Longhair	110.000
Dr. Schwafel	70.000
Emma Sekretär	40.000
Albert Studius	30.000

Für welches Gebiet ist der Gini-Koeffizient größer?

(a) Der Gini-Koeffizient für Entenhausen ist größer als der für Universitätsland.

(b) Der Gini-Koeffizient für Universitätsland ist größer als der für Entenhausen.

(c) Die beiden Gini-Koeffizienten haben den gleichen Wert.

(d) Mit diesen Angaben können die Gini-Koeffizienten für Entenhausen und Universitätsland nicht berechnet werden.

(e) Die Stadt Entenhausen kann nicht mit Universitätsland verglichen werden.

Aufgabe 52

Der Staat führt eine neue und stark regressive Einkommensteuer ein.

Wie verläuft die Lorenzkurve der Einkommensverteilung <u>nach</u> Steuern im Vergleich zur Lorenzkurve der Einkommensverteilung <u>vor</u> Steuern?

(a) Auf einem neuen und höheren Niveau.

(b) Von der Linie der Gleichverteilung weiter entfernt.

(c) Näher zur Linie der Gleichverteilung.

(d) Sie verläuft genauso wie vor der Steuererhebung.

(e) Die Frage kann mit den angegebenen Informationen nicht beantwortet werden.

Aufgabe 53

Der Staat führt eine Reform des Lohn- und Einkommensteuertarifs durch, bei der der Spitzensteuersatz gesenkt und die Progressionszone in eine Proportionalzone umgewandelt wird.

Der Gini-Koeffizient des verfügbaren Einkommens...

(a) ...steigt.

(b) ...verändert sich nicht.

(c) ...sinkt.

(d) ...liegt nach der Reform oberhalb der Lorenzkurve.

(e) ...liegt nach der Reform unterhalb der Lorenzkurve.

5. Methodische Fragen

Aufgabe 54

Prüfen Sie die nachfolgenden Aussagen auf ihre Richtigkeit.

(1) In einem Modell werden nur wenige, als wichtig erachtete Beziehungen zwischen ökonomischen Größen berücksichtigt.

(2) Ein Modell ist wertlos, wenn es nicht alle Details enthält, die in der Realität vorhanden sind.

(3) Ein Modell hat nichts mit der Wirklichkeit zu tun.

(4) In der Volkswirtschaft trifft man nur verbale Modelle an.

(5) Modellergebnisse sind nicht nur im Rahmen des Modells gültig, sondern stets auf jede reale ökonomische Situation zu übertragen.

(a) Nur Aussage (1) ist korrekt.

(b) Nur Aussage (2) ist korrekt.

(c) Nur Aussage (3) ist korrekt.

(d) Nur Aussage (4) ist korrekt.

(e) Nur Aussage (5) ist korrekt.

(f) Aussagen (1) und (4) sind korrekt.

(g) Aussagen (1), (4) und (5) sind korrekt.

Aufgabe 55

Welche der folgenden Aussagen ist richtig?

(a) Ein ökonomisches Modell wird grundsätzlich nicht in verbaler Form dargestellt.

(b) Ein ökonomisches Modell hält für alle wirtschaftlich relevanten Lebenslagen eine eindeutige, optimale Lösung parat.

(c) Ein ökonomisches Modell ist ein vereinfachtes Abbild der Realität.

(d) Die Darstellung des Wirtschaftskreislaufes einer geschlossenen Volkswirtschaft ohne Staat stellt aufgrund seiner übersimplifizierenden Beschreibung kein ökonomisches Modell dar.

(e) Die Analyse eines Modells mit Hilfe der ceteris-paribus-Klausel beinhaltet die simultane Variation aller Variablen und die sich daraus ergebenden Konsequenzen.

(f) Keine der Aussagen (a) bis (e) ist richtig.

Aufgabe 56

In der volkswirtschaftlichen Theorie ist die Methode der komparativen Statik ein wichtiges Instrumentarium.

Welche der nachfolgenden Aussagen liefern eine korrekte Beschreibung zur Vorgehensweise der komparativen Statik?

(1) Es wird untersucht, wie sich die endogenen Variablen eines Modells verändern, wenn die Werte von exogenen Variablen variiert werden.

(2) Es wird untersucht, ob ein statisches Modell auch in ein dynamisches überführt werden kann, wenn einige der verwendeten Parameter variiert werden.

(3) Zunächst werden alternative Situationen erzeugt, indem die Parameterwerte variiert werden. Im nächsten Schritt werden dann die verschiedenen Modellergebnisse miteinander verglichen.

(4) Es wird die Wirkung auf exogene Variablen untersucht, indem man die endogenen Variablen des zugrundeliegenden Modells von außen verändert.

(a) Alle Aussagen sind richtig.

(b) Nur die Aussagen (1) und (3) sind richtig.

(c) Nur die Aussagen (2) und (4) sind richtig.

(d) Die Aussagen (1), (3) und (4) sind richtig.

(e) Keine der Aussagen (1) bis (4) ist richtig.

Aufgabe 57

Sowohl die Deduktions- als auch die Induktionsmethode werden in der volkswirtschaftlichen Theoriebildung eingesetzt.
Welche Aussage zu diesen beiden Methoden ist korrekt?

(a) Die Widerspruchsfreiheit einer Theorie kann geprüft werden, indem man untersucht, inwieweit sich die Modellergebnisse auf reale Gegebenheiten übertragen lassen.

(b) Induktion bedeutet, daß in der Realität beobachtete Phänomene exakt in das Modell aufgenommen werden, während die vollständige Übertragbarkeit von theoretischen Resultaten auf die Wirklichkeit als Deduktion bezeichnet wird.

(c) Unter Deduktion versteht man die logische Ableitung von Sätzen aus den im Modell getroffenen Annahmen, während die Ableitung von allgemeinen Aussagen auf der Basis spezieller Erkenntnisse als Induktion bezeichnet wird.

(d) Bei der Induktion von Hypothesen des Modells auf generelle Zusammenhänge darf keine statistische Schätzung vorgenommen werden, sondern die theoretischen Ergebnisse sind direkt auf die Wirklichkeit zu übertragen.

(e) Keine der Aussagen (a) bis (d) ist richtig.

Aufgabe 58

Worin besteht der Unterschied zwischen Mikro- und Makroökonomie?

(a) Die ökonomischen Aktivitäten der kleinsten Wirtschaftssubjekte und deren Zusammenspiel auf den Märkten wird in der Mikroökonomie untersucht, während die Makroökonomie die volkswirtschaftlichen Aggregate und die Interdependenzen zwischen ihnen analysiert.

(b) Die Mikroökonomie beschränkt sich auf die Analyse grundlegender ökonomischer Zusammenhänge, während in der Makroökonomie eine wesentlich ausführlichere Analyse vorgenommen wird.

(c) Zwar sind die Untersuchungsgegenstände beider Bereiche identisch, jedoch erfolgt eine empirische Überprüfung der theoretischen Erkenntnisse ausschließlich in der Makroökonomie.

(d) Der Unterschied zwischen Mikro- und Makroökonomie besteht im Umfang der zu analysierenden Marktteilnehmer. Kleine Datensätze werden nur in der Mikroökonomie untersucht.

(e) Keine der Antworten (a) bis (d) ist zutreffend.

TEIL II:

MIKROÖKONOMISCHE THEORIE

Bei **jeder** Aufgabe ist genau **eine Antwort richtig**.

6. Konsum und Nachfrage

Aufgabe 1
Wieviele ordinale Nutzenfunktionen gibt es zu einer Präferenzordnung R?

(a) – genau eine
(b) – höchstens zwei
(c) – unendlich viele
(d) – endlich viele
(e) – keine

Aufgabe 2
Welche Eigenschaften muß eine Menge von Konsumgüterbündeln erfüllen, damit sie durch eine Nutzenfunktion repräsentierbar ist?

(a) – Vollständigkeit und Antisymmetrie
(b) – Transitivität und Symmetrie
(c) – Reflexivität und Symmetrie
(d) – Transitivität, Vollständigkeit und Symmetrie
(e) – Vollständigkeit, Transitivität und Reflexivität
(f) – Antisymmetrie, Vollständigkeit und Reflexivität
(g) Keine der Alternativen (a) bis (f) trifft zu.

Aufgabe 3

A = {w,x,y,z} ist eine Menge alternativer Konsumgüterbündel und
R = {(x,x), (x,y), (y,y), (y,z), (w,w), (x,z), (z,y)} ist eine Präferenz auf A.

Die Präferenz R ist...

(a)   ...reflexiv.
(b)   ...transitiv.
(c)   ...vollständig.
(d)   ...eine schwache Ordnung.
(e)   ...weder vollständig noch transitiv.
(f)   ...reflexiv und transitiv.
(g)   Keine der Alternativen (a) bis (f) trifft zu.

Aufgabe 4

Es sind die folgenden vier Güterbündel x^0, x^1, x^2, x^3 gegeben:

$x^0 = (x_1^0; x_2^0) = (4; 4)$

$x^1 = (x_1^1; x_2^1) = (4; 5)$

$x^2 = (x_1^2; x_2^2) = (6; 3)$

$x^3 = (x_1^3; x_2^3) = (2; 7)$

Welche Rangordnung dieser Güterbündel wird durch die Nutzenfunktion $u = x_1 \cdot x_2$ repräsentiert?
Hinweis: Das Symbol ">" hat die Bedeutung "echt besser als".

(a) $x^1 > x^2 > x^3 > x^0$

(b) $x^0 > x^3 > x^1 > x^2$

(c) $x^3 > x^1 > x^0 > x^2$

(d) $x^2 > x^0 > x^1 > x^3$

(e) $x^1 > x^2 > x^0 > x^3$

(f)   Keine der Alternativen (a) bis (e) ist richtig.

Aufgabe 5

Was besagt eine in allen Argumenten streng monoton wachsende Nutzenfunktion?

(a) Der Konsument hat mindestens einen Sättigungspunkt.

(b) Der Konsument verfügt über ein hohes Einkommen.

(c) Der Nutzen des Konsumenten steigt, wenn andere Konsumenten mehr konsumieren können.

(d) Der Nutzen des Konsumenten steigt, wenn von einem Gut mehr und von allen anderen Gütern jedenfalls nicht weniger zur Verfügung steht.

(e) Alle Alternativen (a) bis (d) treffen zu.

Aufgabe 6

Welche der nachfolgenden Aussagen zu dem Nutzengebirge, das in Abbildung 6 dargestellt ist, trifft **nicht** zu?

Hinweis: u gibt den Nutzen als Funktion der beiden Güter x_1 und x_2 an.

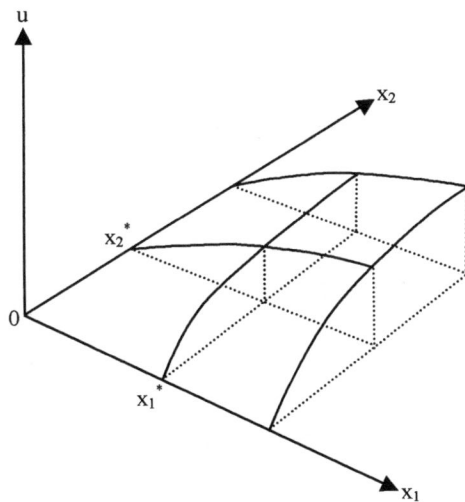

Abbildung 6

(a) Das Güterbündel $(x_1; x_2) = (0; x_2^*)$ stiftet einen streng positiven Nutzen.
(b) Es liegen für den Bereich $x_1 \in [0; x_1^*]$ und $x_2 \in [0; x_2^*]$ abnehmende Grenznutzen vor.
(c) Der Nutzen ist eine stetige Funktion der Güter x_1 und x_2 für $x_1 \in [0; x_1^*]$ und $x_2 \in [0; x_2^*]$.
(d) Die sich aus diesem Nutzengebirge ergebenden Indifferenzkurven sind zum Ursprung hin konvex.
(e) Das Güterbündel $(x_1^*; x_2^*)$ liefert einen größeren Nutzen als das Bündel $(0; x_2^*)$.
(f) Das Güterbündel $(x_1; x_2) = (0; 0)$ stiftet keinen Nutzen, d.h. $u(0; 0) = 0$.
(g) Alle Alternativen (a) bis (f) sind korrekt.

Aufgabe 7

Was gibt die Indifferenzkurve eines Konsumenten an?

(a) Die Indifferenzkurve gibt an, welche Menge ein Konsument mit seinem Einkommen von Gut x zusätzlich kaufen kann, wenn er auf eine Einheit von Gut y verzichtet.

(b) Die Indifferenzkurve gibt an, ob ein Gut x in der Präferenzordnung des Konsumenten höher bewertet wird als ein Gut y.

(c) Durch die Indifferenzkurve wird verdeutlicht, daß die Nutzenfunktion des Konsumenten streng monoton steigt.

(d) Die Indifferenzkurve gibt an, welche Güterbündel dem Konsumenten den gleichen Nutzen bringen.

(e) Keine der Alternativen (a) bis (d) ist richtig.

Aufgabe 8

Wodurch werden Lage und Form der Indifferenzkurven eines Konsumenten bestimmt?

(a) Durch die Präferenzen und die Höhe des Einkommens des Konsumenten.
(b) Nur durch die Preise der Güter.
(c) Durch die Präferenzen, die Höhe des Einkommens und die Preise der Güter.
(d) Durch die Preise der Güter und die Höhe des Einkommens.
(e) Nur durch die Präferenzen.

Aufgabe 9

Ein Konsument besitzt für ein Güterpaar Indifferenzkurven, die zum Ursprung hin streng konkav verlaufen.

Welche Aussage ist richtig?

(a) Das Gesetz der abnehmenden Grenzrate der Substitution ist dennoch erfüllt.
(b) Ein solcher Verlauf der Indifferenzkurven ist nicht möglich.
(c) Es existiert kein Nutzenoptimum.
(d) Die Nutzenfunktion muß konstante Nutzenzuwächse haben.
(e) Keine der Alternativen (a) bis (d) ist richtig.

Aufgabe 10

Gegeben ist die Nutzenfunktion $u = x_1^{1/2} \cdot x_2^{1/2}$.

Berechnen Sie den Grenznutzen des Gutes 1 an der Stelle $x_2 = 4$.

(a) Ohne Angabe eines Wertes für x_1 kann die Aufgabe nicht gelöst werden.
(b) $x_1^{-0,5}$
(c) $x_1^{0,5}$
(d) $0,5 \cdot x_1^{-0,5}$
(e) $4 \cdot x_1$
(f) Keine der Alternativen (a) bis (e) ist richtig.

Aufgabe 11

Berechnen Sie die Indifferenzkurve für die Nutzenfunktion aus der vorherigen Aufgabe für das Nutzenniveau $u = 4$.

(a) $x_2 = 16 \cdot x_1$
(b) $x_1 = 16 \cdot x_2$
(c) $x_2 = 4/x_1$
(d) $x_1 = 4/x_2$
(e) $x_2 = 16/x_1$
(f) Keine der Alternativen (a) bis (e) ist korrekt.

Aufgabe 12

Berechnen Sie für die Nutzenfunktion aus Aufgabe 10 die Grenzrate der Substitution zwischen Gut 1 und 2 für das Nutzenniveau u = 4.

(a) $dx_2/dx_1 = 16/x_1$
(b) $dx_2/dx_1 = -16/x_1^2$
(c) $dx_2/dx_1 = -4/x_1^2$
(d) $dx_2/dx_1 = 4/x_1$
(e) $dx_2/dx_1 = -16 \cdot x_1^2$
(f) $dx_2/dx_1 = -4 \cdot x_1^2$

Aufgabe 13

Welche Aussage zur Budgetrestriktion ist richtig?

(a) Die Budgetrestriktion verändert sich nicht, wenn die Preise beider Güter um den gleichen Faktor steigen.
(b) Die Budgetrestriktion ist eine lineare Funktion, deren Steigung durch das gesamtwirtschaftliche Preisniveau gegeben ist.
(c) Die Budgetrestriktion verschiebt sich vom Ursprung weg, wenn der Konsument das Gut 1 durch das Gut 2 substituiert.
(d) Die Budgetrestriktion bestimmt die Menge der Konsumgüterbündel, die ein Konsument mit seinem Einkommen kaufen kann.
(e) Die Budgetrestriktion gibt die Konsumgüterbündel an, die in einer Volkswirtschaft maximal produziert werden können.
(f) Keine der Aussagen (a) bis (e) zur Budgetrestriktion ist zutreffend.

Aufgabe 14

Welche Alternative ist **falsch**?

(a) Jeder Punkt auf einer Indifferenzkurve repräsentiert eine unterschiedliche Kombination zweier Güter.
(b) Jeder Punkt auf der Budgetgeraden repräsentiert eine unterschiedliche Kombination zweier Güter.

(c)   Alle Konsumgüterbündel auf einer Indifferenzkurve repräsentieren den maximalen Nutzen.
(d)   Alle Güterbündel auf der Budgetgeraden kann man mit dem gleichen Einkommen kaufen.
(e)   Im Nutzenmaximum wird das gesamte Budget für Konsumgüterkäufe ausgegeben.

Aufgabe 15
Wie läßt sich das optimale Konsumgüterbündel bestimmen?

(a)   Der Konsument wählt das Güterbündel auf der Budgetgeraden, das den höchsten monetären Wert hat.
(b)   Der Konsument wählt das Güterbündel auf der Budgetgeraden, bei dem die Transformationsrate gleich dem Preisverhältnis der Güter ist.
(c)   Der Konsument bewegt sich auf der Budgetgeraden, bis der zusätzliche Nutzen des einen Gutes genauso groß ist wie der zusätzliche Nutzen des anderen Gutes.
(d)   Der Konsument wählt die Indifferenzkurve mit dem höchsten Einkommen.
(e)   Durch den Schnittpunkt von Angebots- und Nachfragefunktion.
(f)   Keine der Alternativen (a) bis (e) trifft zu.

Aufgabe 16
In welchem Fall verschiebt sich die individuelle Nachfragefunktion nach einem Gut in Abhängigkeit vom Preis des Gutes **nicht**?

(a)   Wenn sich der Preis des Gutes ändert.
(b)   Wenn sich die Preise anderer Güter ändern.
(c)   Wenn das Einkommen des Konsumenten steigt.
(d)   Wenn sich die Präferenzen des Konsumenten ändern.
(e)   Keine der Alternativen (a) bis (d) trifft zu.

Aufgabe 17
Es herrscht eine Situation, wie sie in Abbildung 7 gezeigt wird.
Mit x_1 und x_2 sind die Gütermengen bezeichnet und S_1 und S_2 stellen zwei Budgetgeraden dar, wobei S_1 die ursprüngliche Budgetgerade ist. Mit i↑ bzw. i↓ (i = p_1, p_2, y) sei angedeutet, daß die jeweilige Variable steigt bzw. sinkt. Ferner gibt D_i (i = p_1, p_2, y) die Differenz der Variablen zwischen Situation 1 und Situation 2 an (p_j: Preis von Gut j mit j = 1, 2; y: Einkommen).

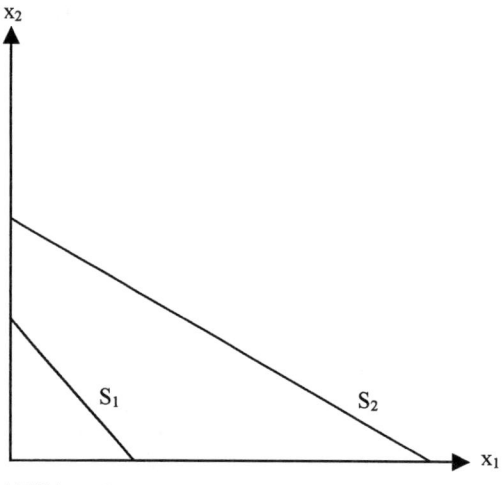

Abbildung 7

Durch welche der folgenden Veränderungen kann eine Verschiebung der Budgetgerade von S_1 nach S_2 ausgelöst werden?

(1) $p_2\uparrow$, $y\uparrow$ mit $D_y > D_{p2}$, p_1 = const.

(2) $p_2\downarrow$, $y\downarrow$ mit $D_y < D_{p2}$, p_1 = const.

(3) $p_1\uparrow$, $y\uparrow$, p_2 = const.

(4) $p_1\downarrow$, $y\downarrow$, p_2 = const.

(5) $p_1\uparrow$, $p_2\uparrow$, mit $D_{p1} < D_{p2}$, y = const.

(a) Nur Alternative (1) ist korrekt.
(b) Nur Alternative (2) ist korrekt.
(c) Nur Alternative (3) ist korrekt.
(d) Nur Alternative (4) ist korrekt.
(e) Nur Alternative (5) ist korrekt.
(f) Alternativen (2) und (4) sind korrekt.
(g) Alternativen (2), (3) und (5) sind korrekt.

Aufgabe 18

Ein Haushalt mit der Nutzenfunktion $U = x_1^{0,5} \cdot x_2^{0,5}$ hat den optimalen Verbrauchsplan $x_1^* = 60$ und $x_2^* = 60$.

Welchen Wert hat das relative Preisverhältnis p_1/p_2?

(a) 0,3
(b) 0,5
(c) 1
(d) 1,2
(e) 1,5

Aufgabe 19

Die Menge von Gut 1 ist x_1 und jene von Gut 2 ist x_2. Der Nutzen eines Konsumenten für $x_1, x_2 \geq 0$ kann durch die Nutzenfunktion $U(x_1, x_2) = (x_1 \cdot x_2)^{0,5}$ beschrieben werden. Weiter sind $p_1 = 5$ der Preis von Gut 1, $p_2 = 5$ der Preis von Gut 2 und $Y = 50$ das Einkommen des Konsumenten.

Wie groß ist die nutzenoptimale Menge von Gut 1?

(a) 0
(b) 2,5
(c) 5
(d) 7,5
(e) 10

Aufgabe 20

Es liegt nochmals die Situation von der vorherigen Aufgabe vor.
Welchen Wert hat der maximale Nutzen?

(a) 0
(b) 2,5
(c) 5
(d) 7,5
(e) 10
(f) Keine der Alternativen (a) bis (e) ist richtig.

Aufgabe 21

In der folgenden Abbildung 8 sind x_1 und x_2 die beiden Güter, die ein Haushalt konsumieren kann. S stellt eine Indifferenzkurve dar. Der ursprüngliche Optimalpunkt zum Zeitpunkt t = 1 wird durch Punkt A repräsentiert, der neue Optimalpunkt zum Zeitpunkt t = 2 ist durch B gegeben. (p_j^i: Preis von Gut j, j = 1, 2 zum Zeitpunkt i, i = 1, 2)

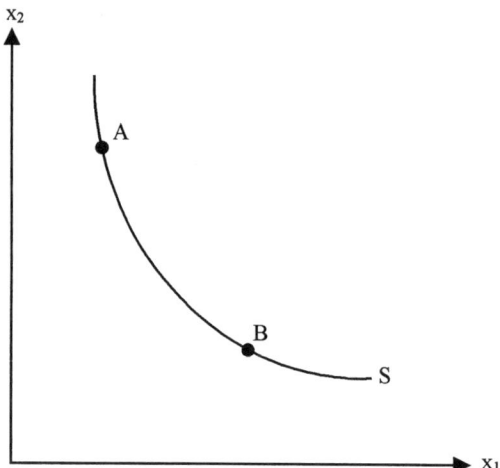

Abbildung 8

Welche der nachfolgenden Aussagen ist/sind dann korrekt?

(1) In Punkt B wird ein höheres Nutzenniveau erreicht als in Punkt A.
(2) In Punkt B ist die nachgefragte Menge von x_1 größer als in Punkt A.
(3) In Punkt B ist die Grenzrate der Substitution ($-dx_2/dx_1$) kleiner als in Punkt A.
(4) In Punkt B entspricht die Grenzrate der Substitution ($-dx_2/dx_1$) dem Verhältnis p_1^2/p_2^2.
(5) In Punkt A entspricht die Grenzrate der Substitution ($-dx_2/dx_1$) dem Verhältnis p_2^1/p_1^1.

(a) Nur Alternative (1) ist korrekt.
(b) Nur Alternative (2) ist korrekt.
(c) Nur Alternative (3) ist korrekt.
(d) Nur Alternative (4) ist korrekt.
(e) Nur Alternative (5) ist korrekt.
(f) Alternativen (2), (3) und (4) sind korrekt.
(g) Alternativen (2), (3) und (5) sind korrekt.

Aufgabe 22

Ein Konsument maximiert seine Nutzenfunktion $u(x_1,x_2) = x_1^a \cdot x_2^b$, mit $a > 0$, $b < 1$. Die Menge von Gut i (i = 1,2) wird mit x_i bezeichnet. In der Budgetrestriktion betragen die Güterpreise $p_1 = p_2 = 1$ und das Einkommen y ist 10.
Für welche Werte der Parameter a und b wird von Gut 2 doppelt soviel nachgefragt wie von Gut 1?

(a) $a > b$
(b) $a = 10$; $b = 20$
(c) $a = b$
(d) $2 \cdot a = b$
(e) $2 \cdot b = a$
(f) Keine der Alternativen (a) bis (e) ist richtig.

Aufgabe 23

Ein Haushalt hat die Nutzenfunktion $U = (x_1 + 20) \cdot x_2$. Der Preis für Gut 1 beträgt $p_1 = 2$, jener von Gut 2 ist mit $p_2 = 1$ gegeben.
Berechnen Sie den optimalen Verbrauchsplan (x_1^*; x_2^*), wenn das Einkommen des Haushalts 60 Geldeinheiten beträgt.

(a) $(x_1^*; x_2^*) = (5; 50)$
(b) $(x_1^*; x_2^*) = (50; 5)$
(c) $(x_1^*; x_2^*) = (25; 25)$
(d) $(x_1^*; x_2^*) = (10; 20)$
(e) $(x_1^*; x_2^*) = (25; 50)$
(f) Keine der vorgegebenen Lösungen (a) bis (e) ist richtig.

Aufgabe 24

Der optimale Verbrauchsplan eines Haushalts lautet $(x_1^*; x_2^*) = (0; y/p_2)$. Das Einkommen wird mit y bezeichnet und p_i ist der Preis von Gut i (es gilt: i = 1, 2).
Welche Aussage ist richtig?

(a) Das Verbrauchsoptimum tritt nur bei der Verwendung von zum Ursprung hin streng konkaven Indifferenzkurven auf.

(b) Das Einkommen des Haushalts wird nicht vollständig ausgegeben.
(c) Das Verbrauchsoptimum ist nur bei vollständig substituierbaren Gütern möglich.
(d) Das Verbrauchsoptimum ist nur möglich, wenn Gut 1 vollständig substituierbar ist.
(e) Keine der Alternativen (a) bis (d) ist richtig.

Aufgabe 25

Welche der nachstehenden Funktionen sind positiv monotone Transformationen $h = h(u)$ der ordinalen Nutzenfunktion $u = x_1^{0,5} \cdot x_2^{0,5}$?

(1) $h = 2 - \ln(u)$ (5) $h = \ln(u)$
(2) $h = 5 \cdot u - 2$ (6) $h = e^{-u}$
(3) $h = -u^3$ (7) $h = 8 - 5 \cdot u$
(4) $h = u^3 - 3$ (8) $h = u^2 + 4$

(a) (1, 4, 7, 8)
(b) (2, 4, 6, 8)
(c) (2, 4, 5, 8)
(d) (1, 3, 6, 7)
(e) Keine der Alternativen (a) bis (d) ist richtig.

Aufgabe 26

Die ursprünglich vorliegende Nutzenfunktion eines Haushaltes $u = x_1^{0,5} \cdot x_2^{0,5}$ wird durch die monotone Transformation $h(u) = u^2$ in die neue Nutzenfunktion u_1 überführt. Der optimale Verbrauchsplan sei gegeben durch $x_1 = x_2 = 5$ bei einem Einkommen von 10 und $p_1 = p_2 = 1$. Welches Güterbündel beinhaltet dieser optimale Verbrauchsplan nach der Transformation?

(a) $(x_1; x_2) = (5; 5)^2 = (25; 25)$
(b) $(x_1; x_2) = (5; 5)^{1/2} = (5^{1/2}; 5^{1/2})$
(c) $(x_1; x_2) = (5; 5)$
(d) $(x_1; x_2) = k \cdot (5; 5),\ k > 0$
(e) Keine der Alternativen (a) bis (d) ist zutreffend.

7. Produktion und Angebot

Aufgabe 27

Welche Determinanten des Güterangebots werden in der mikroökonomischen Theorie genannt?

(1) – der Güterpreis
(2) – der Preis für den Produktionsfaktor Arbeit
(3) – die Produktionstechnologie
(4) – der erzielbare Gewinn

(a) Alle vier genannten Determinanten des Angebots werden in der Mikroökonomik berücksichtigt.
(b) Nur die ersten beiden Punkte sind Determinanten des Angebots.
(c) Nur die beiden letztgenannten Punkte sind Determinanten des Angebots.
(d) Keine der aufgeführten Punkte zählt zu den Determinanten des Angebots in der Mikroökonomik.
(e) Keine der Alternativen (a) bis (d) ist richtig.

Aufgabe 28

In der Produktionstheorie unterscheidet man üblicherweise zwischen limitationalen und substitutionalen Produktionsfunktionen.
Welche Behauptung zu diesen beiden Arten von Produktionsfunktionen trifft **nicht** zu?

(a) Bei limitationalen Produktionsfunktionen kann ein bestimmtes Outputniveau mit vielen verschiedenen Kombinationen der Produktionsfaktoren erzeugt werden.
(b) Bei substitutionalen Produktionsfunktionen lassen sich die Produktionsfaktoren austauschen, wenn ein bestimmtes Outputniveau erzeugt werden soll.
(c) Die Isoquanten von substitutionalen Produktionsfunktionen verlaufen konvex zum Ursprung eines Koordinatensystems, in dem die Menge der Einsatzfaktoren an den Achsen gemessen wird.
(d) Limitationale Produktionsfunktionen verlaufen linear, denn ein vorgegebener Output kann nur mit einer einzigen Kombination der Einsatzfaktoren erzeugt werden.
(e) Alle Alternativen (a) bis (d) enthalten eine richtige Aussage zu Produktionsfunktionen.

Aufgabe 29

Eine Produktionsfunktion gibt den Zusammenhang zwischen dem Output und den beiden Einsatzfaktoren v_1 und v_2 an.

Was ist unter der „Grenzproduktivität des Faktors 1" zu verstehen?

(a) Genau diejenige Ausbringungsmenge, bei der die Produktivität des Faktors v_1 am höchsten ist.

(b) Die maximal verfügbare Menge des Produktionsfaktors v_1, welche von den vorhandenen Ressourcen der Volkswirtschaft abhängt.

(c) Die Änderung der Herstellungsmenge, wenn der Einsatz beider Produktionsfaktoren um ein Prozent erhöht wird.

(d) Die Änderung der Herstellungsmenge, wenn von Faktor v_1 eine Einheit mehr eingesetzt wird und gleichzeitig die Einsatzmenge von Faktor v_2 konstant bleibt.

(e) Keine der Alternativen (a) bis (d) ist richtig.

Aufgabe 30

Was implizieren konstante Skalenerträge bei einer Produktionsfunktion mit einem Inputfaktor?

(a) Die produzierte Menge steigt bei Erhöhung des eingesetzten Inputfaktors überproportional an.

(b) Bei Verringerung des eingesetzten Inputfaktors um einen bestimmten Prozentsatz nimmt die produzierte Menge um den gleichen Prozentsatz ab.

(c) Die produzierte Menge steigt bei Erhöhung des eingesetzten Inputfaktors unterproportional an.

(d) Die produzierte Menge steigt bei Verringerung des eingesetzten Inputfaktors um einen bestimmten Prozentsatz überproportional an.

(e) Die produzierte Menge steigt bei Verringerung des eingesetzten Inputfaktors um einen bestimmten Prozentsatz unterproportional an.

(f) Keine der Alternativen (a) bis (e) trifft zu.

Aufgabe 31

Die homogene Produktionsfunktion des Gutes x mit dem Produktionsfaktor v_1 lautet: $x = f(v_1)$. Bezüglich des Homogenitätsgrades gilt: $f(\lambda \cdot v_1) = \lambda^r \cdot f(v_1)$, wobei $\lambda > 0$ und $r > 1$.

Welche der in Abbildung 9 dargestellten Produktionsfunktionen beschreibt diese Funktion?

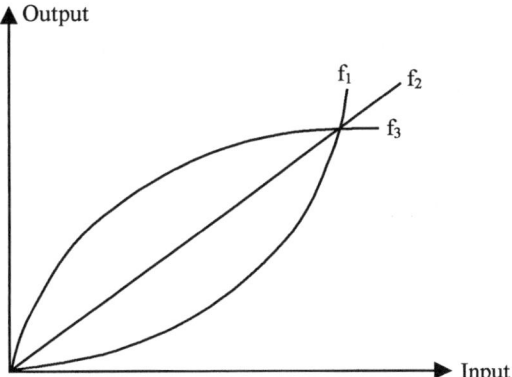

Abbildung 9

(a) Keine der abgebildeten Produktionsfunktionen beschreibt die Produktion von x, die durch einen ertragsgesetzlichen Verlauf gekennzeichnet ist.

(b) Die Produktion von x wird durch die Kurve f_1, die eine Produktionsfunktion mit steigenden Skalenerträgen darstellt, beschrieben.

(c) Die Produktion von x wird durch die Kurve f_2, die eine Produktionsfunktion mit konstanten Skalenerträgen darstellt, beschrieben.

(d) Die Produktion von x wird durch die Kurve f_3, die eine Produktionsfunktion mit sinkenden Skalenerträgen darstellt, beschrieben.

(e) Die Produktion von x wird durch die Kurve f_3, die eine Produktionsfunktion mit steigenden Skalenerträgen darstellt, beschrieben.

(f) Keine der Alternativen (a) bis (e) ist richtig.

Aufgabe 32

Ein Unternehmen wendet eine linear-limitationale Produktionstechnologie an und möchte wissen, welche Art von Skalenerträgen vorliegt.

(a) Es liegen zunehmende Skalenerträge in der Produktion vor.
(b) Es liegen abnehmende Skalenerträge in der Produktion vor.
(c) Es liegen konstante Skalenerträge in der Produktion vor.
(d) Falls die Outputmenge gering ist, liegen steigende Skalenerträge vor. Bei großen Produktionsmengen kommt es zu fallenden Skalenerträgen.
(e) Allein durch die Angabe der Produktionstechnologie kann keine Aussage über die Art der Skalenerträge getroffen werden.

Aufgabe 33

Die Produktionsfunktion lautet $x = ß \cdot v^{\alpha}$, mit dem Output x und dem Produktionsfaktor v. Welche Werte von ß sind ökonomisch **nicht** zugelassen, falls für alle v > 0 und beliebige α ein positiver Output produziert werden soll?

(a) $0 < \alpha < ß$
(b) $ß < 0$
(c) $ß > 0$
(d) $ß \geq 1$
(e) Der zulässige Bereich für den Parameter ß ist unbeschränkt.

Aufgabe 34

Für welche Werte von α erfüllt die Produktionsfunktion in der vorhergehenden Aufgabe das Ertragsgesetz (unter Beachtung zulässiger Werte für ß)?

(a) $\alpha < 0$
(b) $\alpha > 0$
(c) $0 < \alpha < 1$
(d) $\alpha > 1$
(e) α ungleich 1
(f) Keine der Alternativen (a) bis (e) ist richtig.

Aufgabe 35

Abbildung 10 zeigt die Kostenfunktion eines Unternehmens in Abhängigkeit von der Herstellungsmenge.

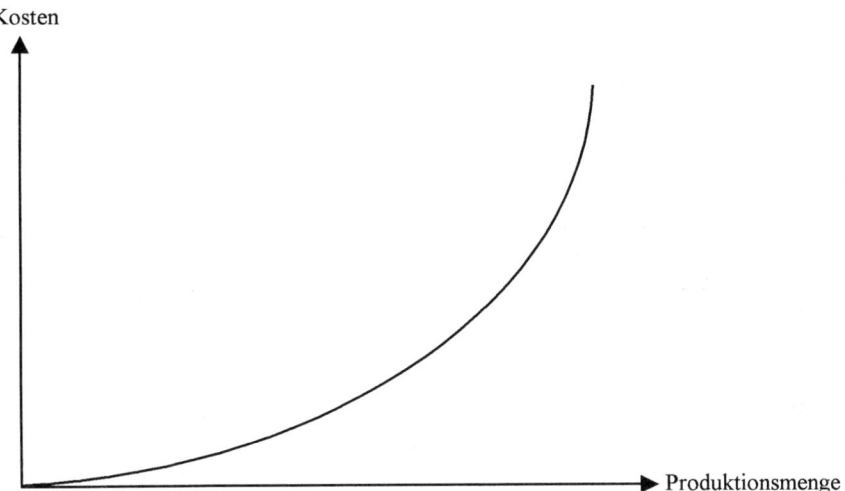

Abbildung 10

Die Produktionsfunktion, die der dargestellten Kostenfunktion zugrunde liegt, besitzt...

(a) ...sinkende Skalenerträge.
(b) ...steigende Skalenerträge.
(c) ...konstante Skalenerträge.
(d) ...keinen ertragsgesetzlichen Verlauf.
(e) Keine der Alternativen (a) bis (d) zur Beschreibung der Produktionsfunktion ist richtig.

Aufgabe 36

Wie kann man in der Produktionstheorie die Minimalkostenkombination bestimmen?

(a) Durch den Tangentialpunkt zwischen Isoquante und Isokostengerade.
(b) Durch die Wahl des maximal erzielbaren Outputs für ein bestimmtes, vorgegebenes Kostenniveau.

(c) Indem man genau die Einsatzmengen der Produktionsfaktoren wählt, für die die Grenzrate der technischen Substitution dem Faktorpreisverhältnis entspricht.

(d) Entweder durch das Prinzip der Kostenminimierung (bei einer vorgegebenen Ausbringungsmenge) oder durch das Prinzip der Outputmaximierung (falls das Kostenniveau vorgegeben ist).

(e) Alle Alternativen (a) bis (d) sind richtig.

Aufgabe 37

Berechnen Sie die Minimalkostenfunktion C(x) für die Produktionsfunktion $x = v^\alpha$ (mit $0 < \alpha < 1$), wenn q = 1 der Preis für den Produktionsfaktors v ist.

(a) $C(x) = x^\alpha$

(b) $C(x) = \alpha \cdot x$

(c) $C(x) = x^{1/\alpha}$

(d) $C(x) = x^{-\alpha}$

(e) $C(x) = \alpha \cdot x^{\alpha-1}$

(f) Keine der Alternativen (a) bis (e) ist richtig.

Aufgabe 38

Die Minimalkostenfunktion eines Unternehmens lautet $C(x) = x^2 + 1$. Der Güterpreis p ist 2. Wie hoch ist der gewinnmaximale Output bei vollständiger Konkurrenz?

(a) $x = 0$

(b) $x = 1/2$

(c) $x = 1$

(d) Es existiert kein optimaler Output.

(e) Das Unternehmen macht durchweg Verluste.

Aufgabe 39

Welche Bedingung gibt in einem Markt mit vollkommener Konkurrenz der Anbieter das Gewinnmaximum an?

(a) Grenzkosten = Grenzproduktivität
(b) Güterpreis = Faktorpreis
(c) Durchschnittskosten = Marktpreis
(d) Gewinn = Erlös
(e) Grenzkosten = Marktpreis
(f) Keine der Alternativen (a) bis (e) ist richtig.

Aufgabe 40

Welcher Zusammenhang wird in der mikroökonomischen Theorie mit der Preiselastizität des Angebots ausgedrückt?

(1) Der prozentuale Änderung der Angebotsmenge, wenn sich der Marktpreis des angebotenen Gutes um ein Prozent verändert.
(2) Die Sensitivität der Angebotsmenge bezüglich einer marginalen Änderung des erzielbaren Marktpreises.
(3) Die prozentuale Änderung des Marktpreises infolge einer einprozentigen Veränderung der Herstellungsmenge.
(4) Die prozentuale Änderung der Herstellungskosten infolge veränderter Faktorpreise.

(a) Alle vier Aussagen sind richtig.
(b) Keine der vier obigen Aussagen ist richtig.
(c) Lediglich die Aussagen (1) und (2) sind richtig.
(d) Lediglich die Aussagen (3) und (4) sind richtig.
(e) Lediglich die Aussagen (1) und (3) sind richtig.

8. Preisbildung auf den Gütermärkten

Aufgabe 41

Welche Merkmale zeichnen die Marktform der vollständigen Konkurrenz aus?

(1) Die Unternehmen bieten homogene Güter an.
(2) Es herrscht vollkommene Markttransparenz.
(3) Auf dem Markt befinden sich sehr viele Anbieter und Nachfrager.
(4) Für Markteintritte und Marktaustritte bestehen keine Hindernisse.
(5) Der Preis kann sich frei bewegen.

(a) Alle oben genannten Aspekte kennzeichnen die Marktform der vollständigen Konkurrenz.
(b) Keiner der oben genannten Aspekte ist charakteristisch für die Marktform der vollständigen Konkurrenz.
(c) Lediglich die Punkte (1) bis (3) sind Kennzeichen der vollständigen Konkurrenz.
(d) Lediglich die Punkte (2), (3) und (4) sind Kennzeichen der vollständigen Konkurrenz.
(e) Punkt (1) ist kein Merkmal der vollständigen Konkurrenz, die restlichen vier Kriterien sind jedoch zutreffend.

Aufgabe 42

Welche der folgenden Aussagen zum Marktgleichgewicht ist **falsch**?

(a) Bei einem Nachfrageüberschuß ist der Gleichgewichtspreis größer als der aktuelle Preis.
(b) Bei einem Angebotsüberschuß ist der Gleichgewichtspreis größer als der aktuelle Preis.
(c) Selbst wenn wie üblich ein steigender Verlauf der Angebotskurve und ein fallender Verlauf der Nachfragekurve angenommen wird, ist keineswegs gesichert, daß sich ein Gleichgewicht auf diesem Markt einstellt.
(d) Falls ein Nachfrageüberschuß vorliegt, bieten die Unternehmen zum aktuellen Güterpreis weniger an als die Konsumenten kaufen wollen.
(e) Falls es zu einem Angebotsüberschuß auf dem Arbeitsmarkt kommt, besteht Arbeitslosigkeit.
(f) Keine der Aussagen (a) bis (e) ist falsch.

Aufgabe 43

Wann spricht man in der mikroökonomischen Theorie von Walras-Stabilität auf einem Gütermarkt?

(a) Wenn die Konsumenten bereit sind, bei einem Nachfrageüberschuß mehr für das angebotene Gut zu bezahlen.
(b) Wenn die Unternehmen bei einem Angebotsüberschuß bereit sind, die Preise zu senken, um die Nachfrage anzukurbeln.
(c) Eine Voraussetzung dafür, daß sich ein Walras-Gleichgewicht einstellen kann, ist ein fallender Verlauf der Nachfragefunktion und ein steigender Verlauf der Angebostfunktion.
(d) Walras-Stabilität beruht unter anderem auf der Vorstellung eines Auktionators, der alle geschlossenen Kaufverträge kennt und den entsprechenden Kaufpreis „veröffentlicht".
(e) Alle Alternativen (a) bis (d) treffen zu.

Aufgabe 44

Welche Besonderheit ergibt sich bei der Gewinnmaximierung eines Monopolisten, im Vergleich zur Gewinnmaximierung eines Anbieters auf einem Konkurrenzmarkt?

(a) Im Unterschied zum Polypol entspricht im Monopol der Grenzerlös nicht den Grenzkosten, wenn der Gewinn maximiert wird.
(b) Anbieter auf einem Markt mit vollständiger Konkurrenz können den Preis erheblich beeinflussen, während der Monopolist auf keinen Fall den Gleichgewichtspreis beeinflussen kann.
(c) Im Monopol ist der Grenzerlös kleiner als der Güterpreis.
(d) Im Monopol sind die Grenzkosten höher als der Güterpreis.
(e) Keine der Alternativen (a) bis (d) ist richtig.

Aufgabe 45

Bei der Bestimmung des Marktgleichgewichts spielt der Cournot-Punkt eine entscheidende Rolle. Wo liegt dieser?

(a) Im Schnittpunkt von Nachfragekurve und Grenzkostenkurve auf einem Markt mit vollständiger Konkurrenz.
(b) Im Schnittpunkt von Grenzkostenkurve und Durchschnittskostenkurve im Polypol.

(c) Im Schnittpunkt von Grenzkostenkurve und Grenzerlöskurve im Monopol.

(d) Der Cournot-Punkt liegt auf der Nachfragekurve und gibt die Sättigungsmenge an.

(e) Auf der Nachfragekurve im Monopolmarkt, wodurch der zur gewinnmaximalen Menge gehörige Preis ermittelt werden kann.

(f) Keine der Alternativen (a) bis (e) ist korrekt.

9. Der Arbeitsmarkt

Aufgabe 46

Was gibt die Einkommens-Zeitbeschränkung des Arbeitsangebots an?

(a) Das Verhältnis zwischen dem Wert der Freizeit und dem Wert des Güterkonsums.
(b) Den Anteil der Arbeitszeit an der gesamten restlichen Lebenszeit.
(c) Die Höhe des Einkommens, welches eine Person bis zum Beginn der Rente erzielen will.
(d) Die insgesamt verfügbare Zeit, die sich als Summe aus Arbeitszeit und Freizeit ergibt.
(e) Die Dauer eines Beschäftigungsverhältnisses.
(f) Keine der Alternativen (a) bis (e) ist richtig.

Aufgabe 47

In Abbildung 11 wird die optimale Arbeitsnachfrage eines gewinnmaximierenden Unternehmens dargestellt. Der Output wird dabei mit x, der Einsatzfaktor Arbeit wird mit L bezeichnet. Die Produktionsfunktion ist f(L).

Prüfen Sie, welche der nachstehenden fünf Aussagen zur Arbeitsnachfrage richtig sind.

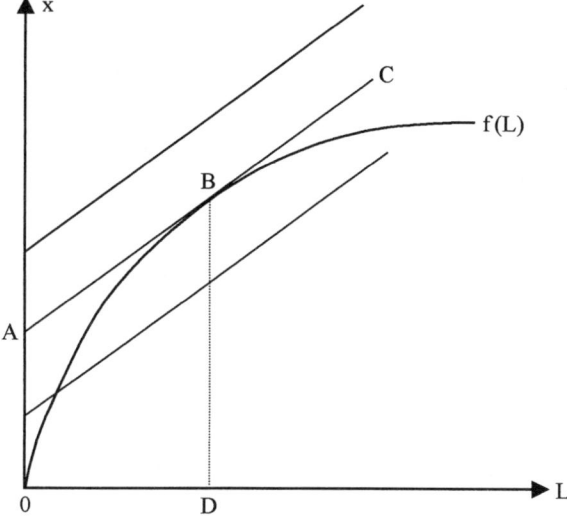

Abbildung 11

(1) Die Linie AC repräsentiert die Kostenfunktion des Unternehmens.

(2) Die Steigung der Funktion AC entspricht dem Reallohn, wenn angenommen wird, daß der Gewinn konstant ist.

(3) Im Punkt B stimmen Lohnsatz und Wertgrenzprodukt der Arbeit überein.

(4) Die dargestellte Produktionsfunktion weist einen ertragsgesetzlichen Verlauf und somit sinkende Skalenerträge auf.

(5) Falls das Unternehmen eine höhere Arbeitsmenge nachfragt als in Punkt D, kann es den Gewinn und die Produktionsmenge steigern.

(a) Nur die Aussagen (1), (3) und (5) sind korrekt.

(b) Nur die Aussagen (2) und (4) sind korrekt.

(c) Nur die Aussagen (2), (3) und (4) sind korrekt.

(d) Nur die Aussagen (1) und (5) sind korrekt.

(e) Alle der vorliegenden Aussagen (1) bis (5) zur Arbeitsnachfrage sind korrekt.

(f) Keine der vorliegenden Aussagen (1) bis (5) zur Arbeitsnachfrage ist korrekt.

Aufgabe 48

In Abbildung 9 wird die optimale Arbeitsnachfrage eines gewinnmaximierenden Unternehmens illustriert.

Welche Auswirkungen auf die Arbeitsnachfrage würden sich ergeben, falls der Reallohn sinkt und das betrachtete Unternehmen wiederum seinen Gewinn maximieren möchte?

(a) Die Isogewinnlinien verlaufen nun flacher und die optimale Arbeitsnachfrage ist höher als in der Ausgangslage.

(b) Die Isogewinnlinien verlaufen nun steiler und die optimale Arbeitsnachfrage ist geringer als in der Ausgangslage.

(c) Die Produktionsfunktion weist eine größere Steigung auf und die optimale Arbeitsnachfrage geht zurück.

(d) Die Produktionsfunktion weist eine geringere Steigung auf und die optimale Arbeitsnachfrage nimmt zu.

(e) Keine der Alternativen (a) bis (d) ist richtig.

Aufgabe 49

Der typische Verlauf der Arbeitsangebotskurve ist zunächst steigend, da ein positiver Zusammenhang zwischen Lohnsatz und Arbeitsangebot vorliegt. Ab einer gewissen Höhe des Reallohnes sinkt allerdings die angebotene Arbeitsmenge.
Wie kann dieser Rückgang des Arbeitsangebots trotz steigendem Reallohn ökonomisch erklärt werden?

(a) Der Substitutionseffekt überwiegt den Einkommenseffekt und Freizeit kann als inferiores Gut angesehen werden.

(b) Der Einkommenseffekt überwiegt den Substitutionseffekt, d.h. der Wert der Freizeit ist relativ hoch.

(c) Die Produktivität der Arbeitskräfte nimmt mit zunehmender Arbeitszeit ab.

(d) Die angebotene Arbeitsmenge sinkt ab einer bestimmten Höhe des Lohnsatzes, weil hochbezahlte Arbeitskräfte effizienter arbeiten als Arbeitnehmer mit geringem Einkommen.

(e) Keine der Antworten (a) bis (d) ist richtig.

Aufgabe 50

Welche der folgenden Größen kann bei einer graphischen Bestimmung des Arbeitsmarktgleichgewichts angegeben werden?

(a) – die Zahl der Arbeitslosen
(b) – der Reallohn
(c) – die Zahl der offenen Stellen
(d) – die insgesamt verfügbare Zeit eines Arbeitnehmers
(e) – der tarifvertraglich vereinbarte Lohnsatz
(f) Keine der Alternativen (a) bis (e) ist richtig.

Aufgabe 51

Anders als in der Theorie des Arbeitsmarktes sind in der Realität die Löhne nicht vollkommen flexibel und es kommt zu Arbeitslosigkeit.
Welche Ursachen können dafür verantwortlich sein, dass Löhne starr (rigide) sind?

(1) Die bestehende Verhandlungsmacht der Gewerkschaften.
(2) Unterschiedliche Interessen zwischen Beschäftigten und Arbeitssuchenden bei der Lohnbildung.
(3) Die Zahlung von Effizienzlöhnen.
(4) Informationsdefizite sowohl bei den Arbeitssuchenden als auch bei den Unternehmen.

(a) Lediglich Aussage (1) ist richtig.
(b) Nur die ersten beiden Aussagen sind richtig.
(c) Nur die Aussagen (3) und (4) sind richtig.
(d) Keine der vier obigen Aussagen ist richtig.
(e) Alle Aussagen (1) bis (4) sind mögliche Ursachen für die Entstehung von Arbeitslosigkeit.

10. Marktversagen und Staatseingriffe

Aufgabe 52
Welches Ziel läßt sich aus den Erkenntnissen der Nutzentheorie für einen sozialen Planer ableiten?

(a) – Maximierung der Produzentenrente

(b) – Maximierung der Konsumentenrente

(c) – Maximierung der gesellschaftlichen Wohlfahrt

(d) – Bereitstellung von möglichst vielen öffentlichen Gütern

(e) – Stabilisierung der Konjunktur

(f) Keines der in den Alternativen (a) bis (e) genannten Zielen wird in der ökonomischen Theorie von einem sozialen Planer verfolgt.

Aufgabe 53
Was gibt die Konsumentenrente an?

(a) Die Höhe der jährlichen Rentenbezüge aller Konsumenten.

(b) Die Zahlungsbereitschaft der Konsumenten für ein Gut.

(c) Die Differenz zwischen der Zahlungsbereitschaft der Konsumenten und dem Marktpreis.

(d) Die durch den Absatz der Güter entstandenen Gewinne aller Unternehmen auf einem Markt.

(e) Das nach Abzug der Steuern verfügbare Einkommen der Konsumenten.

(f) Keine der Alternativen (a) bis (e) ist richtig.

Aufgabe 54
Welche Arten von Marktversagen sind ihnen bekannt?

(1) Externalitäten im Konsum.

(2) Die Bildung eines einheitlichen Preises für ein Gut.

(3) Eine unendlich hohe Anzahl von Unternehmen auf einem Markt.

(4) Das Vorliegen von Marktmacht.

(5) Die Existenz öffentlicher Güter, für die kein Preis bezahlt werden muß.

(a) Alle der oben genannten fünf Aspekte führen zu Marktversagen
(b) Keiner der oben aufgeführten Punkte kann ein Marktversagen auslösen.
(c) Nur die Alternativen (1), (2) und (3) geben mögliche Ursachen für Marktversagen an.
(d) Nur die Alternativen (1), (4) und (5) geben mögliche Ursachen für Marktversagen an.
(e) Nur die Alternativen (2), (3) und (5) geben mögliche Ursachen für Marktversagen an.

Aufgabe 55
Ineffizienzen auf einem Markt werden oftmals durch sogenannte externe Effekte hervorgerufen. Welche der folgenden Aussagen trifft auf externe Effekte **nicht** zu?

(a) Externe Effekte haben immer Wirkungen auf Wirtschaftssubjekte außerhalb des jeweiligen Marktes.
(b) Externe Effekte treten nicht nur in der Produktion auf, sondern sie können auch im Bereich des Güterkonsums entstehen.
(c) Eines der Merkmale von externen Effekten ist, daß ihre Wirkungen nicht marktmäßig abgegolten werden.
(d) Subventionen und Steuern sind prinzipiell ungeeignet, um externe Effekte zu internalisieren.
(e) Falls der Staat direkte Eingriffe in den Preismechanismus vornimmt, ist eine Korrektur der nachgefragten Menge keineswegs gesichert. Vieles hängt ab von der Preiselastizität der Nachfrage für dieses Gut.
(f) Keine der Antworten (a) bis (e) ist falsch.

Aufgabe 56
Nichtrivalität im Konsum steht im Zusammenhang mit...

(a) ....souveränen Konsumenten.
(b) ...öffentlichen Gütern.
(c) ...geringen Präferenzen für das entsprechende Gut.
(d) ...einem abnehmenden Grenznutzen im Konsum des Gutes.
(e) ...Preisdiskriminierung durch die Unternehmen.
(f) Keine der Alternativen (a) bis (e) trifft zu.

Aufgabe 57

Wodurch werden in der Ökonomie Eingriffe des Staates in eine marktwirtschaftliche Ordnung üblicherweise begründet?

(a) Durch das Vorliegen von Marktversagen.
(b) Durch das Vorliegen von Staatsversagen.
(c) Durch die hohe Effizienz staatlicher Maßnahmen.
(d) Durch die Probleme der Marktteilnehmer, ökonomische Zusammenhänge zu verstehen.
(e) Keine der Alternativen (a) bis (d) ist richtig.

Aufgabe 58

Wie kann in der folgenden Abbildung 12 der Wohlfahrtsverlust im Monopol gemessen werden? Gleichgewichtspreis bzw. -menge im Monopol werden mit p^*_M bzw. x^*_M abgekürzt. Das gleichgewichtige Marktergebnis im Polypol wird mit p^*_C bzw. x^*_C bezeichnet.

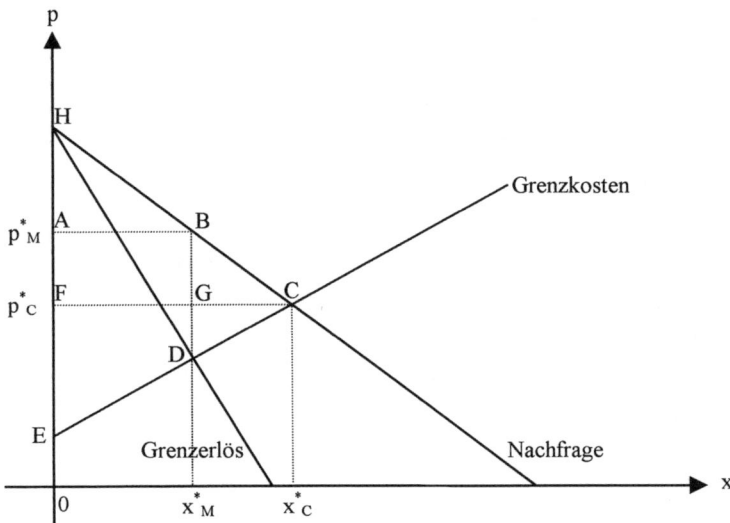

Abbildung 12

(a) Der Wohlfahrtsverlust im Monopol kann durch die Fläche ECH angegeben werden.

(b) Der Wohlfahrtsverlust im Monopol kann durch die Fläche HAB angegeben werden.

(c) Der Wohlfahrtsverlust im Monopol kann durch die Fläche ABDE angegeben werden.

(d) Der Wohlfahrtsverlust im Monopol kann durch die Fläche BCD angegeben werden.

(e) Keine der Alternativen (a) bis (d) ist richtig.

Aufgabe 59

Ein Monopol, in dem hohe Fixkosten sowie degressive Durchschnittskosten vorliegen, liefert aus wohlfahrtstheoretischer Sicht nicht das optimale Marktergebnis. Der Staat kann dieses Marktergebnis jedoch beeinflussen, um eine höhere soziale Wohlfahrt zu erzielen.
Welche Probleme können bei der Preisregulierung solch eines Monopolmarktes auftreten?

(a) Über die Produktionskosten des Alleinanbieters besitzt der Staat meist nur unzureichende Informationen.

(b) Die Preisregulierung kann dazu führen, daß der Monopolist seine gesamten Kosten nicht mehr decken kann und deshalb Subventionen erhält.

(c) Der Alleinanbieter strebt lediglich einen maximalen Gewinn an und ist nicht an einem bestmöglichen Marktergebnis aus wohlfahrtstheoretischen Aspekten interessiert.

(d) Ein langfristig optimales Marktergebnis ist kaum möglich, weil die Entwicklung der Faktorkosten und das Nachfrageverhalten über einen längeren Zeitraum nicht exakt prognostiziert werden können.

(e) Alle in den Antworten (a) bis (d) geschilderten Probleme können im Zuge der Preisregulierung eines Monopols auftreten.

(f) Keines der oben genannten Probleme ist bei der Preisregulierung eines Monopols wahrscheinlich.

Aufgabe 60

Das „Trittbrettfahrerproblem" erschwert die Bereitstellung der optimalen Menge von öffentlichen Gütern.
Welche zentrale Voraussetzung zur effizienten Allokation wird dadurch verletzt, daß sich Konsumenten wie „Trittbrettfahrer" bei der Nutzung öffentlicher Güter verhalten?

(a) Die Steuereinnahmen sind geringer als die Ausgaben des Staates (es entsteht ein Budgetdefizit im öffentlichen Sektor).

(b) Selbst ex post kommt es zu keine Übereinstimmung von gesamtwirtschaftlicher Ersparnis und Investitionen.

(c) Die Grenzkosten der Leistungserstellung stimmen nicht mehr mit der Summe der marginalen Zahlungsbereitschaften der einzelnen Konsumenten überein.

(d) Das Prinzip der Nichtausschließbarkeit von Konsum öffentlicher Güter wird verletzt.

(e) Keine der Alternativen (a) bis (d) ist richtig.

Teil III:

Makroökonomische Theorie und Politik

Bei **jeder** Aufgabe ist genau **eine Antwort richtig**.

11. Wirtschaftskreislauf und Sozialprodukt

Aufgabe 1

Wie läßt sich das Volkseinkommen einer Wirtschaft berechnen?

(a) Das Volkseinkommen entspricht der Summe aus Löhnen, Zinsen, Renten und Gewinnen.

(b) Das Volkseinkommen ist identisch mit dem Nettosozialprodukt zu Marktpreisen plus Abschreibungen.

(c) Das Volkseinkommen entspricht dem Bruttosozialprodukt plus Subventionen minus indirekten Steuern.

(d) Das Volkseinkommen ist die Summe aus Konsum, Brutto-Investitionen und Staatsausgaben.

(e) Keine der Alternativen (a) bis (d) trifft zu.

Aufgabe 2

Das Volkseinkommen berechnet sich bei Berücksichtigung des Staates folgendermaßen:

(a) Bruttosozialprodukt zu Marktpreisen minus Abschreibungen.

(b) Nettosozialprodukt zu Marktpreisen minus indirekte Steuern plus Transferzahlungen.

(c) Nettosozialprodukt zu Marktpreisen minus indirekte Steuern plus Subventionen.

(d) Persönliches Einkommen plus Steuern.

(e) Nettosozialprodukt zu Marktpreisen plus Abschreibungen.

Aufgabe 3

Auf welche Weise kann das Nettosozialprodukt zu Marktpreisen berechnet werden?

(a)   Bruttosozialprodukt zu Marktpreisen minus Konsum.

(b)   Bruttosozialprodukt zu Marktpreisen minus Abschreibungen.

(c)   Volkseinkommen plus Abschreibungen.

(d)   Volkseinkommen plus Konsum.

(e)   Keine der Antworten (a) bis (d) ist korrekt.

Aufgabe 4

Abbildung 13 zeigt das Kreislaufschema für eine Volkswirtschaft.

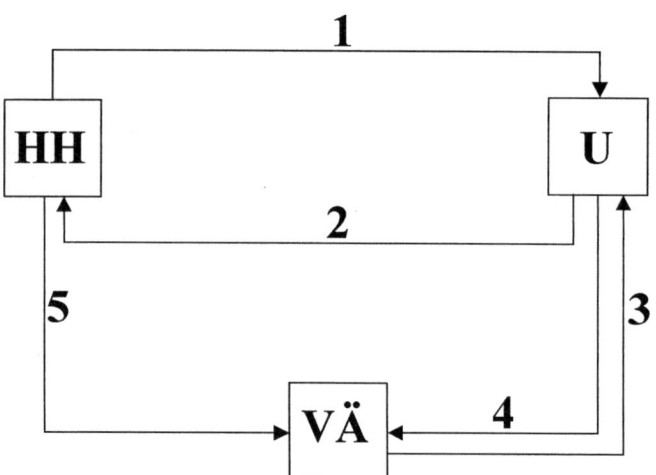

Abbildung 13

HH: Haushalte

U: Unternehmen

VÄ: Vermögensänderungskonto

Die Pfeile geben jeweils monetäre Ströme an und es wird angenommen, daß sowohl Haushalte als auch Unternehmen sparen. Des weiteren werden nur Nettoinvestitionen betrachtet, die der gesamten Ersparnis in der Volkswirtschaft entsprechen und den Unternehmen zufließen.

Welche der folgenden Zuordnungen ist die richtige?

(a) 1: Investitionen, 2: Ersparnis der Unternehmen, 3: Konsum, 4: Faktorentlohnung minus Ersparnis der Unternehmen, 5: Ersparnis der Haushalte.

(b) 1: Konsum, 2: Investitionen, 3: Ersparnis der Unternehmen, 4: Faktorentlohnung minus Ersparnis der Unternehmen, 5: Ersparnis der Haushalte.

(c) 1: Konsum, 2: Faktorentlohnung minus Ersparnis der Unternehmen, 3: Investitionen, 4: Ersparnis der Unternehmen, 5: Ersparnis der Haushalte.

(d) 1: Ersparnis der Haushalte, 2: Faktorentlohnung minus Ersparnis der Unternehmen, 3: Ersparnis der Haushalte, 4: Investitionen, 5: Konsum.

(e) 1: Investitionen, 2: Ersparnis der Unternehmen, 3: Konsum, 4: Faktorentlohnung minus Ersparnis der Unternehmen, 5: Ersparnis der Haushalte.

(f) 1: Konsum, 2: Faktorentlohnung minus Ersparnis der Unternehmen, 3: Ersparnis der Haushalte, 4: Investitionen, 5: Ersparnis der Unternehmen.

(g) Keine der Zuordnungen (a) bis (f) ist korrekt.

Aufgabe 5

Welche Größe ist **nicht** im Bruttosozialprodukt enthalten?

(a) – privater Verbrauch

(b) – Investitionen

(c) – Staatsverbrauch

(d) – Importe

(e) – Abschreibungen

(f) Alle unter (a) bis (e) genannten Größen sind im Bruttosozialprodukt enthalten.

Aufgabe 6

Eine volkswirtschaftliche Gesamtrechnung weist die folgenden Werte auf:

- Einkommen aus unselbständiger Arbeit   400
- Einkommen aus Kapitalvermögen   30
- Gewinne   50
- Konsumausgaben   400
- Bruttoinvestitionen   100
- Abschreibungen   20

Wie hoch ist das Volkseinkommen?

(a)   400

(b)   430

(c)   480

(d)   500

(e)   520

(f)   Keine der Alternativen (a) bis (e) trifft zu.

Aufgabe 7

Ein Stahlproduzent verkauft für 1,5 Mio. Euro Stahl an einen Automobilkonzern. Dieser fertigt daraus Autos und verkauft diese für 2,5 Mio. Euro an Autohändler. Die Händler verkaufen die Autos für 3,5 Mio. Euro an Privatpersonen.
Um welchen Betrag steigt das Bruttosozialprodukt durch diese Transaktion an?

(a)   1 Mio. Euro

(b)   1,5 Mio. Euro

(c)   2 Mio. Euro

(d)   2,5 Mio. Euro

(e) 3,5 Mio. Euro

(f) 7,5 Mio. Euro

Aufgabe 8

Das Nettosozialprodukt zu Faktorkosten einer Volkswirtschaft beträgt 400.
Wie hoch sind der Außenbeitrag und das Einkommen aus unselbständiger Arbeit, wenn folgende Größen gegeben sind?

– Abschreibungen	70
– Einkommen aus Unternehmertätigkeit und Vermögen	90
– Investitionen	120
– privater Verbrauch	240
– indirekte Steuern	110
– Subventionen	30
– direkte Steuern	50
– Staatsverbrauch	100

(a) (Außenbeitrag; Einkommen aus unselbständiger Arbeit) = (90; 250)

(b) (Außenbeitrag; Einkommen aus unselbständiger Arbeit) = (120; 250)

(c) (Außenbeitrag; Einkommen aus unselbständiger Arbeit) = (90; 310)

(d) (Außenbeitrag; Einkommen aus unselbständiger Arbeit) = (120; 120)

(e) (Außenbeitrag; Einkommen aus unselbständiger Arbeit) = (120; 310)

(f) Keine der Alternativen (a) bis (e) ist richtig.

Aufgabe 9

Welche Schwächen weist die volkswirtschaftliche Gesamtrechnung auf?

(1) Sie erfaßt nicht die Gewinne, die in einer Volkswirtschaft erwirtschaftet werden.

(2) Sie erfaßt nicht die Schattenwirtschaft.

(3) Sie erfaßt nicht die Subventionen.

(4) Sie erfaßt nicht die Löhne.

(a) Nur Aussage (1) ist korrekt.

(b) Nur Aussage (2) ist korrekt.

(c) Nur Aussage (3) ist korrekt.

(d) Nur Aussage (4) ist korrekt.

(e) Aussagen (1) und (2) sind korrekt.

(f) Aussagen (2) und (3) sind korrekt.

Aufgabe 10

Welche der folgenden Aussagen zum Laspeyres- und zum Paasche-Preisindex ist richtig?

(a) Der Preisindex von Laspeyres ist immer größer als derjenige von Paasche.

(b) Im Gegensatz zum Laspeyres-Index werden beim Paasche-Index die Preise mit dem Warenkorb der Basisperiode gewichtet.

(c) Das Deutsche Statistische Bundesamt verwendet den Laspeyres-Index, weil dieser die sich ändernden Präferenzen der Wirtschaftssubjekte besser berücksichtigt.

(d) Zur Betrachtung der inflationären Entwicklung ist der Index von Laspeyres besser geeignet als der Index von Paasche.

(e) Während beim Paasche-Index der Warenkorb der Berichtsperiode verwendet wird, fließen beim Laspeyres-Index die Waren der Basisperiode ein.

(f) Keine der vorherigen Aussagen (a) bis (e) ist zutreffend.

Aufgabe 11

Für einen Warenkorb mit zwei Gütern liegen folgende Daten vor:

$p_0 = (2;\ 2)$ Preisvektor zum Zeitpunkt 0

$p_1 = (3;\ 3)$ Preisvektor zum Zeitpunkt 1

$q_0 = (3; 2)$ Mengenvektor zum Zeitpunkt 0

$q_1 = (2; 4)$ Mengenvektor zum Zeitpunkt 1

Wie hoch ist das nominale Bruttosozialprodukt zum Zeitpunkt 1 in Relation zum nominalen Bruttosozialprodukt zum Zeitpunkt 0?

(a) 1
(b) 1,5
(c) 1,8
(d) 2
(e) 3
(f) Keine der Alternativen (a) bis (e) trifft zu.

Aufgabe 12

Welcher Wert ergibt sich mit den Daten aus Aufgabe 11 für den Laspeyres-Preisindex zum Zeitpunkt 1 relativ zum Zeitpunkt 0?

(a) 1
(b) 1,2
(c) 1,33
(d) 1,5
(e) 2
(f) Keine der Alternativen (a) bis (e) ist korrekt.

Aufgabe 13

Welchen Wert hat mit den Daten aus Aufgabe 11 der Paasche-Preisindex zum Zeitpunkt 1 relativ zum Zeitpunkt 0?

(a) 1

(b) 1,2

(c) 1,33

(d) 1,5

(e) 2

(f) Keine der Alternativen (a) bis (e) ist korrekt.

12. Grundzusammenhänge der Makroökonomik: Aggregiertes Angebot und aggregierte Nachfrage

Aufgabe 14

Was besagt der Realkasseneffekt (real balance effect)?

(a) Ein sinkendes Preisniveau führt zu einem höheren Realwert der Kassenbestände der Wirtschaftssubjekte.

(b) Ein steigendes Realeinkommen führt zu geringeren Konsumausgaben seitens der Wirtschaftssubjekte.

(c) Ein steigendes Nominaleinkommen der Wirtschaftssubjekte erhöht bei konstantem Preisniveau den Realwert der Kassenbestände der Wirtschaftssubjekte, was zu vermehrten Konsumausgaben führt.

(d) Ein steigendes Preisniveau führt zu höheren Konsumausgaben, da die Wirtschaftssubjekte durch Flucht in Realwerte die Inflation umgehen wollen.

(e) Keine der Alternativen (a) bis (d) ist richtig.

Aufgabe 15

Welche Aussage zur Theorie der Klassik ist richtig?

(a) Im gesamtwirtschaftlichen Gleichgewicht kann es Unterbeschäftigung geben.

(b) Die Löhne reagieren auf ungleichgewichtige Marktsituationen immer flexibel.

(c) Die Angebotsfunktion hat eine Steigung von null.

(d) Eine aktive, nachfrageorientierte Politik beeinflußt nur das Sozialprodukt, aber nicht das Preisniveau.

(e) Keine der Alternativen (a) bis (d) trifft zu.

Aufgabe 16

Warum gibt es nach Ansicht der Klassiker in einer Volkswirtschaft keine unfreiwillige Arbeitslosigkeit?

(a) Weil starre Löhne und Preise garantieren, daß die Produktionsmenge stets der nachgefragten Gütermenge entspricht.

(b) Weil sich die völlig flexiblen Preise und Löhne so einstellen, daß immer eine Gleichgewicht erreicht wird.

(c) Weil die Arbeitsnachfrage stets geringer als das Arbeitsangebot ist.

(d) Weil die Preiselastizität des aggregierten Angebots gegen unendlich geht.

(e) Keine der Alternativen (a) bis (d) ist korrekt.

Aufgabe 17

Welche der nachfolgenden Aussagen läßt sich mit der Theorie von Keynes in Verbindung bringen?

(a) Im gesamtwirtschaftlichen Gleichgewicht kann es Unterbeschäftigung geben.

(b) Die Löhne reagieren auf ungleichgewichtige Marktsituationen immer flexibel.

(c) Unterbeschäftigung ist entweder freiwillig oder durch künstliche Hemmnisse bei notwendigen Lohnanpassungen verursacht.

(d) Eine aktive, nachfrageorientierte Politik beeinflußt nur das Preisniveau, aber nicht das Sozialprodukt oder die Beschäftigung.

(e) Keine der Aussagen (a) bis (d) kann der Theorie von Keynes zugeordnet werden.

Aufgabe 18

Was impliziert die "Depression Keynesian Region" einer Volkswirtschaft?

(a) Nicht in allen Regionen eines Landes herrscht Vollbeschäftigung.

(b) Die Angebotsfunktion schneidet in der „Depression Keynesian Region" die Nachfragefunktion.

(c) Die Angebotsfunktion verläuft vertikal.

(d) Die Angebotsfunktion verläuft unterhalb der Kapazitätsgrenze relativ flach.

(e) Keine der Alternativen (a) bis (d) trifft zu.

Aufgabe 19

Nehmen Sie an, für Volkswirtschaft A gilt die aggregierte Angebotskurve der Keynes'schen Theorie, das heißt die aggregierte Angebotskurve weist eine Steigung von null auf bis zur Kapazitätsgrenze und ab diesem Punkt hat sie eine Steigung von plus unendlich. Für Volkswirtschaft B ist die aggregierte Angebotskurve der Klassik unterstellt, das heißt die aggregierte Angebotskurve verläuft vertikal.

Welche der nachfolgenden Aussagen trifft dann **nicht** zu?

(a) In Volkswirtschaft B kann es Deflation geben.

(b) Der Bereich, in dem die aggregierte Angebotskurve von Volkswirtschaft A horizontal verläuft, wird auch als Depressionsbereich bezeichnet.

(c) In Volkswirtschaft A führt ein Anstieg der Staatsausgaben im Normalfall zu einer Erhöhung des Bruttosozialprodukts.

(d) In Volkswirtschaft B führt ein Anstieg der Staatsausgaben zu Inflation.

(e) In Volkswirtschaft A führt ein Rückgang der Staatsausgaben im Normalfall zu Deflation.

Aufgabe 20

Welche Politik führt in einer keynesianischen Makroökonomie zu niedrigeren Preisen und höherem Output?

(a) – Steuererhöhungen

(b) – Steuersenkungen

(c) – Erhöhung der Staatsausgaben

(d) – Erhöhung der autonomen Investitionen

(e) Keine der Alternativen (a) bis (d) trifft zu.

Aufgabe 21

Gemäß der neoklassischen Synthese gilt:

(1) Es muß zwischen einer kurz- und einer langfristigen Analyse unterschieden werden.

(2) Es gibt kein Gleichgewicht bei Unterbeschäftigung.

(3) Langfristig stellt sich stets ein Vollbeschäftigungsgleichgewicht ein.

(4) Die Preiselastizität der langfristigen aggregierten Angebotskurve ist betragsmäßig stets größer als die Preiselastizität der Nachfragekurve.

(a) Nur Aussage (1) ist korrekt.
(b) Nur Aussage (2) ist korrekt.
(c) Nur Aussage (3) ist korrekt.
(d) Nur Aussage (4) ist korrekt.
(e) Aussagen (1) und (3) sind korrekt.
(f) Aussagen (2) und (4) sind korrekt.
(g) Keine der Alternativen (a) bis (f) trifft zu.

Aufgabe 22

Welche der nachfolgenden Aussagen ist richtig?

(a) In der neoklassischen Synthese kann es langfristig bei konstantem Produktionspotential keine kosteninduzierte Inflation geben.
(b) In der Klassik kann es bei konstantem Produktionspotential keine Inflation geben.
(c) In der neoklassischen Synthese kann es kurzfristig keine nachfrageinduzierte Inflation geben.
(d) Die Lage der aggregierten Angebotskurve wird in der neoklassischen Synthese von exogenen Größen nicht beeinflußt.
(e) Keine der obigen Aussagen (a) bis (d) ist richtig.

Aufgabe 23

In einer Volkswirtschaft, die Öl importiert und als Produktionsfaktor verwendet, verläuft die aggregierte Angebotskurve (AA-Kurve) gemäß der Theorie der neoklassischen Synthese.
Welche Wirkung zeigt dann – ceteris paribus – ein drastischer Anstieg der Ölpreise?

(a) Die AA-Kurve verschiebt sich nach rechts.
(b) Es sind keine Auswirkungen auf die betrachtete Volkswirtschaft zu erwarten.
(c) Das Preisniveau sinkt und das reale Bruttosozialprodukt steigt.
(d) Das reale Bruttosozialprodukt fällt und das Preisniveau steigt.
(e) Keine der Alternativen (a) bis (d) ist korrekt.

Aufgabe 24

Unterstellt ist eine Volkswirtschaft, für die die Angebotskurve der neoklassischen Synthese gilt. Für diese Volkswirtschaft verteuern sich die Preise der importierten Rohstoffe (negativer Angebotsschock). Um diesen Effekt kurzfristig zu kompensieren, beschließt die Regierung, die Staatsausgaben zu erhöhen.

Welche der nachfolgenden Wirkungen sind denkbar?

(a) Der Angebotsschock verringert das gleichgewichtige Bruttosozialprodukt und das Preisniveau.

(b) Die Staatsausgabenerhöhung erhöht das Produktionspotential.

(c) Der Angebotsschock erhöht das Preisniveau und verringert das gleichgewichtige Bruttosozialprodukt.

(d) Die Staatsausgabenerhöhung führt zu einer Preissenkung bei einem gestiegenen Bruttosozialprodukt (im Vergleich zu der Situation nach dem Angebotsschock).

(e) Die Staatsausgabenerhöhung senkt nur das Preisniveau.

(f) Alternativen (b), (c) und (d) treffen zu.

(g) Alternativen (a), (b) und (c) treffen zu.

Aufgabe 25

Die gesamtwirtschaftliche Angebotsfunktion P(Y) ist durch folgende Funktion gegeben:

$P(Y) = 20 + 15 \cdot Y + Y^2$, für $0 \leq Y \leq 100$.

Die gesamtwirtschaftliche Nachfragefunktion lautet:

$P(Y) = 100 - Y$.

Das Preisniveau ist P und das Volkseinkommen wird mit Y bezeichnet (es gilt: $P \geq 0$, $Y \geq 0$).

Wie hoch ist der Vektor (P^*; Y^*), der Preisniveau und Volkseinkommen im Gleichgewicht angibt?

(a) $(P^*; Y^*) = (76; 13)$

(b) $(P^*; Y^*) = (20; 80)$

(c) $(P^*; Y^*) = (95; 5)$

(d) $(P^*; Y^*) = (80; 20)$

(e) $(P^*; Y^*) = (96; 4)$

(f) Keine der Alternativen (a) bis (e) ist richtig.

Aufgabe 26

Das gleichgewichtige Volkseinkommen Y^* in der Situation von Aufgabe 25 liegt im...

(a) ...klassischen Bereich der gesamtwirtschaftlichen Angebotsfunktion.

(b) ...supply-side Bereich der gesamtwirtschaftlichen Angebotsfunktion.

(c) ...monetaristischen Bereich der gesamtwirtschaftlichen Angebotsfunktion.

(d) ...Okun-Bereich der gesamtwirtschaftlichen Angebotsfunktion.

(e) ...elastischen Bereich der gesamtwirtschaftlichen Nachfragefunktion (d.h. der Betrag der Preiselastizität der Nachfrage ist größer als eins).

Aufgabe 27

Welchen Wert hat die Preiselastizität der gesamtwirtschaftlichen Nachfragefunktion im gleichgewichtigen Preisniveau-Volkseinkommensvektor $(P^*; Y^*)$ in der Situation von Aufgabe 25?

(a) -1

(b) -4

(c) -24

(d) -19

(e) $-0,25$

(f) Keine der Alternativen (a) bis (e) ist richtig.

Aufgabe 28

Die neue Nachfragekurve in der Situation von Aufgabe 25 ist nun durch $P(Y) = 100 - 0,5 \cdot Y$ gegeben.
Wodurch ist der neue Preisniveau-Volkseinkommensvektor im Gleichgewicht gekennzeichnet?

(a) Das Preisniveau ist niedriger und das Volkseinkommen ist höher.

(b) Preisniveau und Volkseinkommen sind höher als zuvor.

(c) Preisniveau und Volkseinkommen sind niedriger als zuvor.

(d) Das Preisniveau ist höher und das Volkseinkommen ist zurückgegangen.

(e) Der Preisniveau-Volkseinkommensvektor ist unverändert.

Aufgabe 29

Die gesamtwirtschaftliche Angebotsfunktion P(Y) ist für den Bereich $0 \leq Y \leq 100$ gegeben durch P(Y) = 10. Dabei bezeichnen P bzw. Y wie üblich Preisniveau bzw. Volkseinkommen.
Die gesamtwirtschaftliche Nachfragefunktion ist P(Y) = 100 − Y.
Wie hoch ist der Preisniveau-Volkseinkommensvektor $(P^*; Y^*)$ im Gleichgewicht?

(a) $(P^*; Y^*) = (0; 0)$

(b) $(P^*; Y^*) = (10; 100)$

(c) $(P^*; Y^*) = (10; 90)$

(d) $(P^*; Y^*) = (10; 110)$

(e) $(P^*; Y^*) = (20; 90)$

(f) Keine der Alternativen (a) bis (e) trifft zu.

Aufgabe 30

Wie hoch ist in Aufgabe 29 die Unterbeschäftigung in Einheiten des Outputs?

(a) 0

(b) 10

(c) −10 (Überbeschäftigung)

(d) 100

(e) Keine der Alternativen (a) bis (d) ist richtig.

Aufgabe 31

Die neue Nachfragekurve in der Situation von Aufgabe 29 sei P(Y) = 110 − Y.
Kann damit eine mögliche Unterbeschäftigung beseitigt werden?

(a) Ja, bei konstantem Preisniveau.

(b) Ja, bei steigendem Preisniveau.

(c) Nein, bei konstantem Preisniveau.

(d) Nein, bei fallendem Preisniveau.

(e) Die Frage kann mit den vorliegenden Angaben nicht beantwortet werden.

Aufgabe 32

Die gesamtwirtschaftliche Angebotsfunktion P(Y) lautet

P(Y) = 30 für Y ∈ [0;40[,

P(Y) = 10 + 0,5·Y für Y ∈ [40;100[,

P(Y) = 100·Y − 9.940 für Y ∈ [100;i).

Sowohl das Preisniveau P wie auch das Volkseinkommen Y sind nichtnegativ. Die Kapazitätsgrenze wird bei Y = 100 erreicht.

Die gesamtwirtschaftliche Nachfragefunktion ist

P(Y) = 80 − 0,5·Y.

Wie hoch ist der gleichgewichtige Preisniveau-Einkommensvektor (P^*; Y^*)?

(a) (P^*; Y^*) = (30; 100)

(b) (P^*; Y^*) = (45; 70)

(c) (P^*; Y^*) = (30,2; 99,7)

(d) (P^*; Y^*) = (40; 60)

(e) (P^*; Y^*) = (50; 80)

(f) Keine der Alternativen (a) bis (e) ist richtig.

Aufgabe 33

Was versteht man unter dem Begriff „Stagflation"?

(a) Den Mechanismus, der bei Keynes kurzfristig für rigide Preise und langfristig für flexible Löhne sorgt.

(b) Den Mechanismus, der in der Klassik für völlig flexible Löhne und Preise sorgt.

(c) Das makroökonomische Phänomen eines steigenden Preisniveaus bei steigendem realen Bruttosozialprodukt.

(d) Das makroökonomische Phänomen eines steigenden Preisniveaus bei sinkendem realen Bruttosozialprodukt.

(e) Den Mechanismus, der den in der Phillips-Kurve postulierten Zusammenhang erklärt.

(f) Die beiden Alternativen (d) und (e) sind richtig.

(g) Keine der Alternativen (a) bis (f) trifft zu.

13. Nachfrageorientierte Makroökonomik

Aufgabe 34

Gegeben ist die Konsumfunktion $C = C_0 + c \cdot Y$, wobei C_0 den autonomen Konsum bezeichnet und c konstant ist.
Welche der folgenden Aussagen ist richtig?

(a) Mit steigendem Einkommen steigt die durchschnittliche Konsumquote, die marginale Konsumquote bleibt konstant.
(b) Mit steigendem Einkommen steigt die Veränderung der durchschnittlichen Konsumquote nicht.
(c) Mit steigendem Einkommen sinkt die durchschnittliche Konsumquote, während die marginale Konsumquote konstant bleibt.
(d) Die Funktion der durchschnittlichen Konsumquote in Abhängigkeit vom Einkommen verläuft linear.

Aufgabe 35

Folgende ökonomische Größen sind gegeben:

Verfügbares Einkommen	Konsum
2.500	2.400
2.900	2.700
3.800	3.400
4.800	4.140

Ermitteln Sie die marginalen Sparneigungen (die Ergebnisse sind auf zwei Nachkommastellen zu runden).

(a) (0,25; 0,22; 0,26)
(b) (0,04; 0,07; 0,11; 0,14)
(c) (0,75; 0,78; 0,74)
(d) (0,96; 0,93; 0,89; 0,86)
(e) Keine der angegebenen Lösungen ist richtig.

Aufgabe 36

Bei einem Einkommen von null gibt eine Familie 2.000 Geldeinheiten (GE) für Konsum aus und bei einem Einkommen von 6.000 GE gibt sie 6.000 GE für Konsum aus. Ihre Konsumfunktion ist linear.
Wie groß ist die marginale Konsumneigung bei einem Einkommen von 6.000 GE?

(a) 2/3
(b) 3/4
(c) 4/5
(d) 1
(e) Die marginale Konsumneigung ist größer als 1.

Aufgabe 37

In einer geschlossenen Volkswirtschaft ohne Staat sinken die Investitionen um 75.000 Geldeinheiten (GE).
Wie groß ist die marginale Konsumneigung, wenn demzufolge das Sozialprodukt um 300.000 GE sinkt?

(a) 1/3
(b) 1/4
(c) 2/3
(d) 3/4
(e) Keine der angegebenen Lösungen ist richtig.

Aufgabe 38

In einer Ökonomie liegen autonome Investitionen vor.
Welche Aussage zum Investitionsmultiplikator trifft dann zu (ceteris paribus)?

(a) Der Investitionsmultiplikator ist umso größer, je größer die marginale Sparneigung ist.
(b) Der Investitionsmultiplikator ist umso kleiner, je höher der Zinssatz ist.
(c) Der Investitionsmultiplikator ist umso größer, je größer die Grenzleistungsfähigkeit des Kapitals ist.
(d) Der Investitionsmultiplikator ist umso größer, je größer die marginale Konsumneigung ist.
(e) Keine der Alternativen (a) bis (d) trifft zu.

Aufgabe 39

Welche Wirkungen sind zu erwarten, falls das Bruttosozialprodukt aufgrund fallender Investitionsausgaben sinkt?

(a) Konsumausgaben C und Sparen S steigen.
(b) Konsumausgaben C und Sparen S fallen.
(c) Konsumausgaben C steigen und Sparen S geht zurück.
(d) Konsumausgaben C fallen und Sparen S steigt.
(e) Weder Sparen S noch Konsumausgaben C verändern sich.

Aufgabe 40

In einer geschlossenen Volkswirtschaft ohne Staat soll das gleichgewichtige Volkseinkommen um 20 Mrd. Geldeinheiten (GE) steigen.
Um welchen Betrag müssen dazu die Investitionsausgaben bei einer marginalen Sparneigung von 0,3 gesteigert werden?

(a) 0 Mrd. GE
(b) 6 Mrd. GE
(c) 14 Mrd. GE
(d) 20 Mrd. GE
(e) Keine der Alternativen (a) bis (d) trifft zu.

Aufgabe 41

In einer geschlossenen Volkswirtschaft ohne Staat betragen die autonomen Investitionen 10 und die gesamtwirtschaftliche Sparfunktion ist $S(Y) = -23 + 0,3 \cdot Y$.
Wie hoch ist der Investitionsmultiplikator?

(a) -23
(b) 0,3
(c) 0,7
(d) 10
(e) 3,33
(f) Keine der Antworten (a) bis (e) ist richtig.

Aufgabe 42

Statistische Untersuchungen ergaben für eine Volkswirtschaft eine Konsumfunktion, deren Verlauf in Abbildung 14 dargestellt ist.

Welche Implikationen sind damit verbunden?

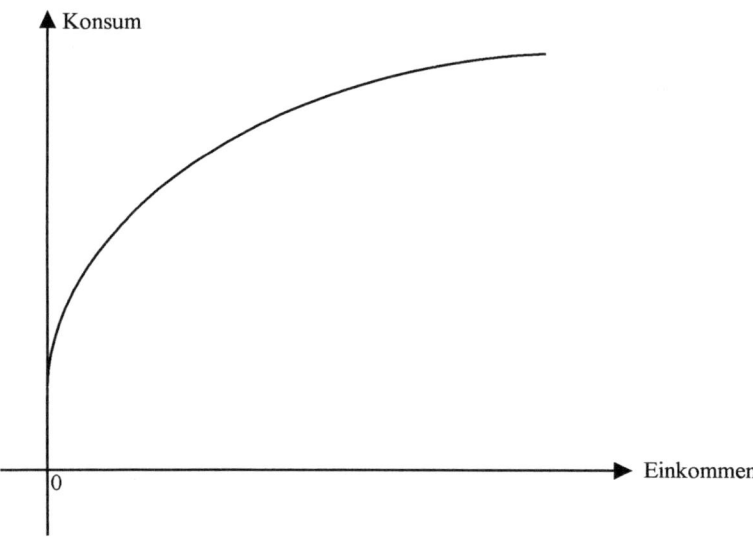

Abbildung 14

(a) Das Konzept des Multiplikators ist nicht anwendbar.
(b) Eine Steigerung der autonomen Investitionen führt zu keiner Sozialproduktsteigerung, da die marginale Konsumneigung laufend abnimmt.
(c) Sowohl die marginale Konsumneigung als auch die marginale Sparneigung sind nicht berechenbar.
(d) Die marginale Sparneigung nimmt mit steigendem Einkommen zu.
(e) Sowohl die marginale Konsumneigung als auch die marginale Sparneigung nehmen mit wachsendem Einkommen zu.
(f) Keine der Alternativen (a) bis (e) trifft zu.

Aufgabe 43

In einer Volkswirtschaft ergibt sich für den Bereich $[0;Y_0]$ die in Abbildung 15 dargestellte Sparfunktion S(Y). Das Volkseinkommen wird mit Y bezeichnet.

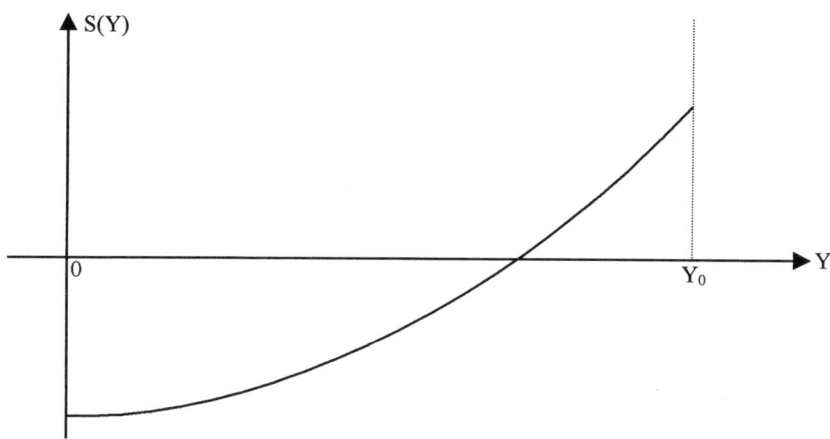

Abbildung 15

Welche der folgenden Aussagen zu dieser Sparfunktion ist korrekt?

(a)   Die marginale Konsumneigung nimmt mit steigendem Volkseinkommen zu.
(b)   Die marginale Sparneigung verändert sich mit steigendem Volkseinkommen nicht.
(c)   Die marginale Konsumneigung nimmt mit steigendem Volkseinkommen ab.
(d)   Die marginale Sparneigung nimmt mit steigendem Volkseinkommen ab.
(e)   Keine der Aussagen (a) bis (d) trifft zu.

Aufgabe 44

Vergleichen Sie die beiden Volkswirtschaften A und B, deren Sparfunktionen in folgender Abbildung 16 dargestellt sind.
In welcher der beiden Volkswirtschaften ist der Multiplikatoreffekt einer Staatsausgabentätigkeit größer, wenn für Volkswirtschaft A die Sparfunktion SA gilt und für Volkswirtschaft B die Sparfunktion SB vorliegt?

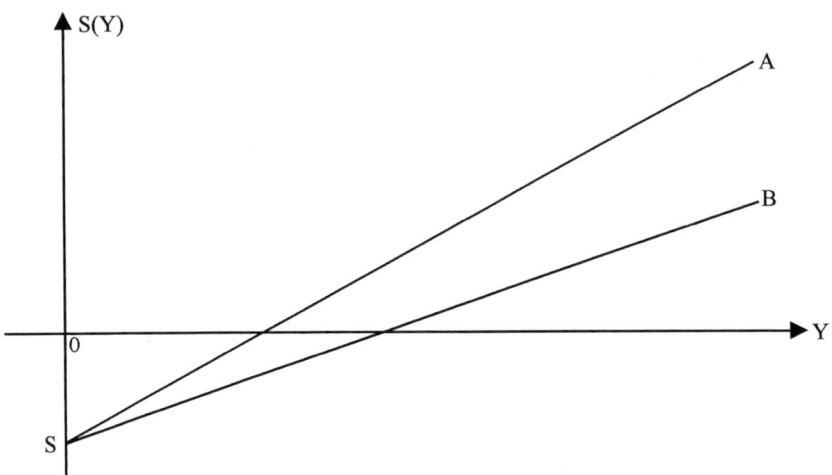

Abbildung 16

(a) Der Multiplikatoreffekt ist in Volkswirtschaft A größer.
(b) Der Multiplikatoreffekt ist in Volkswirtschaft B größer.
(c) Der Multiplikatoreffekt ist in beiden Volkswirtschaften identisch.
(d) Da sich die Kurven schneiden, ist keine Aussage möglich.
(e) Ein Multiplikatoreffekt der Staatsausgaben liegt auf keinen Fall vor.

Aufgabe 45
In einer Ökonomie liegt folgende Sparfunktion S vor:

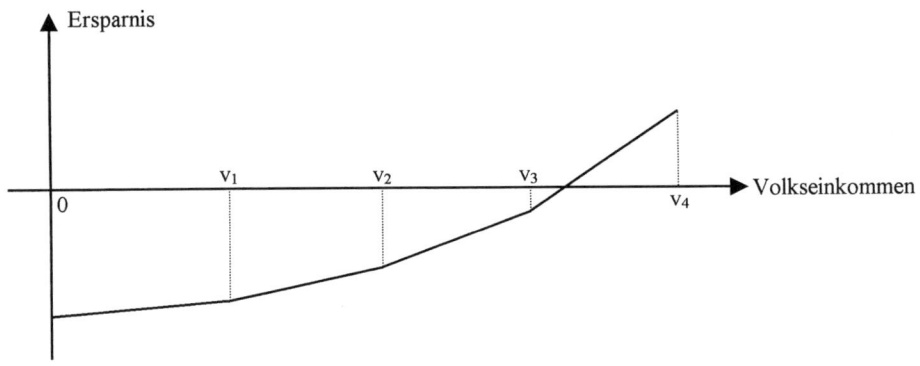

Abbildung 17

Für welchen Bereich des Volkseinkommens ist die marginale Konsumneigung am größten?

(a) $[0;v_1]$
(b) $]v_1;v_2]$
(c) $]v_2;v_3]$
(d) $]v_3;v_4]$
(e) Die marginale Konsumneigung ist in jedem der vier Bereiche gleich groß.

Aufgabe 46

Welche Bedeutung hat der Schnittpunkt der Konsumfunktion mit der Winkelhalbierenden bei der Bestimmung des Volkseinkommens in einem Zwei-Sektoren-Modell mit autonomen Investitionen?

(a) Er bestimmt diejenige Höhe des Bruttosozialproduktes, ab der die Investitionsausgaben I positiv werden.
(b) Es besteht ein Gleichgewicht zwischen Konsumausgaben C und Investitionen I.
(c) Das Bruttosozialprodukt Y ist im Gleichgewicht.
(d) Es liegt eine Identität zwischen Konsumausgaben C und Sparen S vor.
(e) Der Schnittpunkt hat keine besondere Bedeutung, solange die Investitionen nicht null sind.

Aufgabe 47

In der nachstehenden Abbildung 18 bezeichnet CC' die gesamtwirtschaftliche Konsumfunktion.

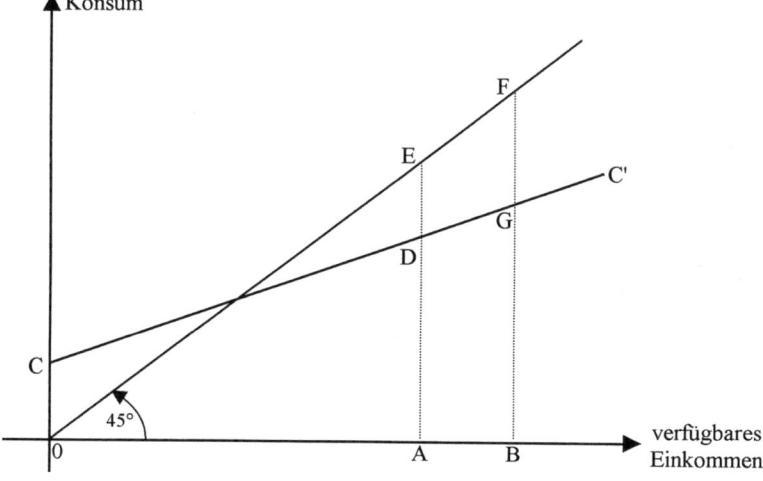

Abbildung 18

Welchen Betrag muß das verfügbare Einkommen haben, falls die Konsumausgaben AD betragen?

(a) AB
(b) EF
(c) AE
(d) BG
(e) Keine der Alternativen (a) bis (d) trifft zu.

Aufgabe 48

Welche Ursache hat die Veränderung der Konsumausgaben in Abbildung 18 von BG zu AD?

(a) Bei jeder Höhe des verfügbaren Einkommens wird weniger gespart und mehr für Konsum ausgegeben.
(b) Das verfügbare Einkommen ist von 0B auf 0A gesunken.
(c) Bei geringerem Einkommen wird mehr gespart und weniger ausgegeben.
(d) Die Alternativen (a), (b) und (c) sind richtig.
(e) Keine der Alternativen (a) bis (c) ist richtig.

Aufgabe 49

Für eine Volkswirtschaft gilt: $Y = C(Y) + I$, mit $dC/dY > 0$. Das Volkseinkommen ist Y, C(Y) bezeichnet den Konsum und I die autonomen Investitionen.

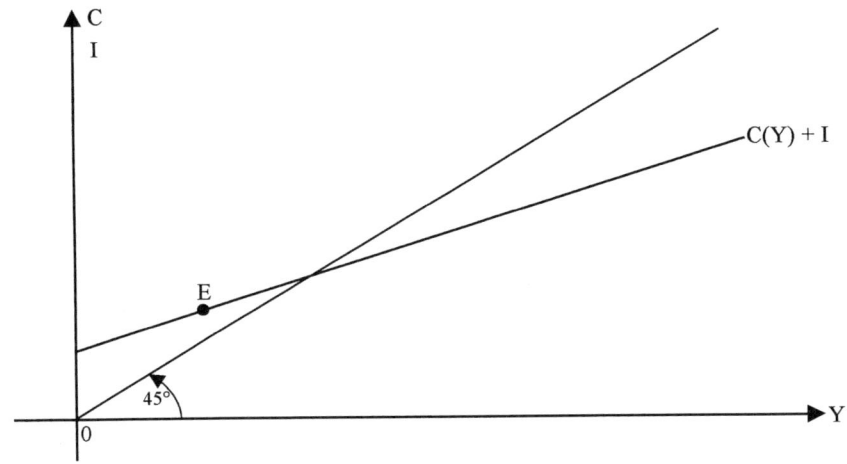

Abbildung 19

Die Volkswirtschaft befindet sich im Punkt E.
Prüfen Sie, welche der folgenden Aussagen korrekt sind.

(1) Im Punkt E entspricht die aggregierte Nachfrage dem gleichgewichtigen Volkseinkommen.
(2) Im Punkt E ist die aggregierte Nachfrage kleiner als das aggregierte Angebot.
(3) Im Punkt E ist die aggregierte Nachfrage größer als das aggregierte Angebot.
(4) In dieser Volkswirtschaft kann sich nie ein Gleichgewicht einstellen.

(a) Nur Aussage (1) ist korrekt.
(b) Nur Aussage (2) ist korrekt.
(c) Nur Aussage (3) ist korrekt.
(d) Nur Aussage (4) ist korrekt.
(e) Aussagen (2) und (4) sind korrekt.
(f) Aussagen (3) und (4) sind korrekt.
(g) Keine der Alternativen (a) bis (f) trifft zu.

Aufgabe 50

In einer geschlossenen Volkswirtschaft mit staatlicher Aktivität lautet die gesamtwirtschaftliche Sparfunktion $S(Y) = 0{,}1 \cdot Y - 100$. Die autonome Investitionsnachfrage I_0 ist 100 und die Staatsausgaben G haben den Wert 200.
Wie groß ist das Volkseinkommen im Gleichgewicht?

(a) 0
(b) 3.000
(c) 4.000
(d) 5.000
(e) 7.000
(f) Keine der Alternativen (a) bis (e) ist richtig.

Aufgabe 51

Nehmen Sie an, das vollbeschäftigte Volkseinkommen für die Volkswirtschaft aus der vorhergehenden Aufgabe ist bei einem Wert von $Y = 5.000$ erreicht.
Um wieviel müßten die Staatsausgaben steigen, damit im gleichgewichtigen Volkseinkommen Vollbeschäftigung garantiert ist?

(a)   0
(b)   100
(c)   200
(d)   1.000
(e)   1.250
(f)   4.000
(g)   Keine der Antworten (a) bis (f) ist richtig.

Aufgabe 52

Die Multiplikatorwirkungen einer Erhöhung der Staatsausgaben um beispielsweise 10 Mrd. GE sind theoretisch größer als die einer gleich hohen Verringerung der Steuern. Was ist die Ursache dafür?

(a)   Die Staatsausgaben führen über Einkommenserhöhungen zu höheren Konsumausgaben.

(b)   Die Verringerung der Steuereinnahmen um 10 Mrd. GE hat einen signifikant größeren Effekt auf das staatliche Haushaltsdefizit oder den Haushaltsüberschuß als eine Erhöhung der Staatsausgaben um 10 Mrd. GE.

(c)   Eine Steuerverminderung wirkt sich direkt auf das verfügbare Einkommen der Konsumenten und die Ersparnis aus, wogegen sich eine Erhöhung der Staatsausgaben nur indirekt auswirkt.

(d)   Eine Verminderung der Steuern um 10 Mrd. GE führt nicht zu einer Erhöhung der Konsumausgaben um den gleichen Betrag, weil Teile davon zusätzlich gespart werden.

(e)   Keine der Alternativen (a) bis (d) trifft zu.

Aufgabe 53

Die ursprüngliche Konsumkurve einer Ökonomie wird durch die Gerade AB in Abbildung 20 beschrieben, die neue Konsumkurve ist durch die Gerade AC gegeben. C(Y) bezeichnet den Konsum in Abhängigkeit des Volkseinkommens Y.

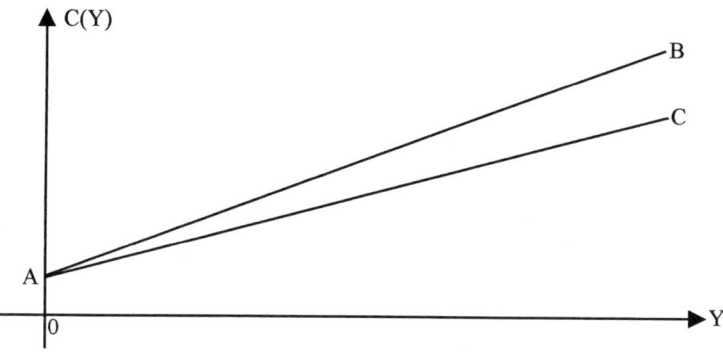

Abbildung 20

Welche Maßnahme seitens des Staates kann für die Veränderung der Kurve verantwortlich sein?

(a) – eine Erhöhung der autonomen Investitionen
(b) – eine Pauschalsteuererhöhung
(c) – eine Pauschalsteuersenkung
(d) – eine Erhebung einer Proportionalsteuer
(e) – eine Senkung einer bestehenden Proportionalsteuer
(f) – eine Erhöhung der Staatsausgaben

Aufgabe 54

Welche Wirkungen könnten auf das Bruttosozialprodukt und das Preisniveau in einer Volkswirtschaft eintreffen, falls der Staat ceteris paribus die Ausgaben für Umweltschutz erheblich steigert, ohne die Steuern zu erhöhen?

(a) Bruttosozialprodukt und Preisniveau steigen.
(b) Bruttosozialprodukt und Preisniveau fallen.
(c) Bruttosozialprodukt und Preisniveau bleiben unverändert.
(d) Das Preisniveau steigt und das Bruttosozialprodukt sinkt.
(e) Keine der obigen Alternativen (a) bis (d) trifft zu.

Aufgabe 55

Angenommen, die Regierung erhöht in einer vollbeschäftigten Wirtschaft die Staatsausgaben für Verteidigungszwecke um 15 Mrd. Geldeinheiten (GE). Gleichzeitig sollen zur Vermeidung einer potentiellen Inflation die Einkommensteuern erhöht werden.
Um welchen Betrag müßten die Steuern bei Zugrundelegung der Keynes'schen Multiplikatoren erhöht werden, damit sich das gleichgewichtige Volkseinkommen **nicht** verändert?

(a) Die Steuern müßten um mehr als 15 Mrd. GE. erhöht werden.
(b) Die Steuern müßten um weniger als 15 Mrd. GE. erhöht werden.
(c) Die Steuern müßten um genau 15 Mrd. GE. erhöht werden.
(d) Die Steuern müßten unverändert bleiben.
(e) Die Steuern können gesenkt werden.

Aufgabe 56

In einer geschlossenen Volkswirtschaft mit Staat soll das gleichgewichtige Volkseinkommen um 10 Mrd. Geldeinheiten (GE) steigen. Um welchen Betrag müssen dazu die Staatsausgaben bei einer marginalen Sparneigung von 0,2 und einem Steuersatz von 0,5 gesteigert werden?

(a) 0 Mrd. GE
(b) 3 Mrd. GE
(c) 6 Mrd. GE
(d) 18 Mrd. GE
(e) Keine der Alternativen (a) bis (d) trifft zu.

Aufgabe 57

Gegeben sind der Konsum $C = 450 + 0{,}6 \cdot DI$ und das verfügbare Einkommen $DI = Y - T$. Ferner sind die Steuern $T = 1/6 \cdot Y$, wobei Y wie üblich das Volkseinkommen bezeichnet.
Wie hoch sind die Staatsausgaben im Gleichgewicht, wenn dort das Volkseinkommen 3.500 beträgt und sich die Investitionen auf 700 belaufen?

(a) 600
(b) 750
(c) 1.350

(d) 3.000
(e) Keine der Alternativen (a) bis (d) trifft zu.

Aufgabe 58

Wie hoch ist in Aufgabe 57 der Staatsausgabenmultiplikator?

(a) 1
(b) 1/6
(c) 0,6
(d) 2
(e) 6
(f) Keine der Antworten (a) bis (e) ist richtig.

Aufgabe 59

In einer Volkswirtschaft beträgt die marginale Sparneigung 0,2. Die autonomen Investitionsausgaben steigen um 6 Geldeinheiten (GE) und gleichzeitig steigen die Steuern (Pauschalsteuern) um 7 GE an.
Wie verändert sich dadurch das Volkseinkommen nach der Keynes'schen Multiplikatortheorie?

(a) Das Volkseinkommen steigt um 5,75 GE.
(b) Das Volkseinkommen steigt um 2 GE.
(c) Das Volkseinkommen steigt um 1,5 GE.
(d) Das Volkseinkommen sinkt um 0,75 GE.
(e) Das Volkseinkommen sinkt um 2 GE.
(f) Das Volkseinkommen sinkt um 2,25 GE.
(g) Keine der Alternativen (a) bis (f) trifft zu.

Aufgabe 60

In einer Volkswirtschaft mit reinen Pauschalsteuern (ohne Außenhandel) beträgt das gleichgewichtige Volkseinkommen 1.000 Geldeinheiten (GE), die Staatsausgaben 200 GE, die autonomen Nettoinvestitionen 350 GE und der autonome Konsum 65 GE. Die marginale Konsumquote beläuft sich auf 0,7.
Wie groß sind die Pauschalsteuern im Gleichgewicht?

(a)　750 GE

(b)　550 GE

(c)　 50 GE

(d)　150 GE

(e)　250 GE

(f)　450 GE

(g)　Keine der Alternativen (a) bis (f) trifft zu.

Aufgabe 61

Für eine Volkswirtschaft mit Staat und ohne Ausland gilt folgende Beziehung:
$Y = C + I + G$.
Das Volkseinkommen ist Y, der Konsum ist C, die autonomen Investitionen werden mit I und die autonomen Staatsausgaben mit G angegeben.
Der Konsum hängt folgendermaßen vom Volkseinkommen ab:
$C = c \cdot (1-t) \cdot Y$, wobei t den Steuersatz bezeichnet.

Der Steuersatz t wird nun um 10 Prozent angehoben. Es gilt: $t \in (0,1)$, $c \in (0,1)$.

Welche Aussage zur Konsumfunktion trifft zu, wenn c konstant ist?

(a)　Die Konsumfunktion verschiebt sich parallel nach oben.

(b)　Die Steigung der Konsumfunktion nimmt zu.

(c)　Die Konsumfunktion verschiebt sich parallel nach unten.

(d)　Die Steigung der Konsumfunktion nimmt ab.

(e)　Keine der Alternativen (a) bis (d) trifft zu.

Aufgabe 62

In einer Volkswirtschaft, in der die autonomen Investitionen 140 Geldeinheiten (GE) und die Staatsausgaben 200 GE betragen, ist das Preisniveau konstant. Die Steuern betragen 200 GE. Alle weiteren relevanten Daten sind in der folgenden Tabelle enthalten.

Volkseinkommen	Steuern	verfügbares Einkommen	Konsum
480	200	280	230
540	200	340	260
600	200	400	290
660	200	460	320
720	200	520	350

Für welches Volkseinkommen ergibt sich ein Gleichgewicht?

(a) 480
(b) 540
(c) 600
(d) 660
(e) 720
(f) Keine der Antworten (a) bis (e) ist richtig.

Aufgabe 63

Verwenden Sie die Angaben aus Aufgabe 62.
Wie groß ist die marginale Konsumneigung?

(a) 0,5
(b) 0,4
(c) 0,3
(d) 0,7
(e) Keine der Antworten (a) bis (d) ist richtig.

Aufgabe 64

Welches der im folgenden genannten Instrumente bzw. welches Merkmal des Fiskalsystems zählt zu den automatischen Stabilisatoren?

(a) – Staatliche Beschäftigungsmaßnahmen
(b) – Öffentliche Investitionsprogramme
(c) – Ein progressives Steuersystem
(d) – Veränderungen im Bereich der Besteuerung

14. Die Rolle des Geldes in der Makroökonomik

Aufgabe 65

Welche Gegenstände gehören **nicht** zum Warengeld, d.h. zu den Gebrauchsgütern, die Geldfunktionen erfüllen?

(a)   – Gold und Silber
(b)   – Diamanten
(c)   – Münzen
(d)   – Elfenbein
(e)   – Zigaretten

Aufgabe 66

Sind Zigaretten in einer Gesellschaft als Warengeld geeignet?

(a)   Nein. Sie können nicht als Tauschmittel benutzt werden, weil sie auch konsumiert (geraucht) werden.
(b)   Nein. Sie bieten keine Absicherung gegen die Inflation.
(c)   Nein. Sie können nicht als Wertaufbewahrungsmittel dienen, weil sie nach einer gewissen Zeit verderben.
(d)   Nein, denn es werden zu viele Zigaretten produziert.
(e)   Ja. Allerdings basiert der Geldcharakter von Zigaretten dann auf entsprechenden Konventionen einer Gesellschaft.

Aufgabe 67

Das Ausmaß der Buchgeldproduktion im Bankensystem ist von mehreren Faktoren abhängig. Welcher der nachfolgenden Faktoren beeinflußt die Buchgeldproduktion **nicht**?

(a)   – Änderungen des Mindestreservesatzes
(b)   – die Anzahl der nachfolgenden Banken im Prozeß der Geldschöpfung
(c)   – die Höhe der freiwillig gehaltenen Barreserve
(d)   – der Umfang, in dem geliehenes Geld in das Bankensystem zurückströmt
(e)   Alle in (a) bis (d) genannten Faktoren beeinflussen das Ausmaß der Buchgeldproduktion.

Aufgabe 68

In Abbildung 21 wird die Giralgeldproduktion dargestellt. Der „Kunde E" in der Graphik zahlt 1.250 Geldeinheiten (GE) in bar ein und jede beteiligte Bank leiht soviel Geld wie möglich wieder aus. Der Mindestreservesatz beträgt 20 Prozent und Bank C ist in dieser Wirtschaft die letzte Bank im Geldschöpfungsprozeß, die das eingezahlte Geld nicht mehr ausleiht.
Um welchen Betrag ändert sich die Giralgeldmenge maximal?

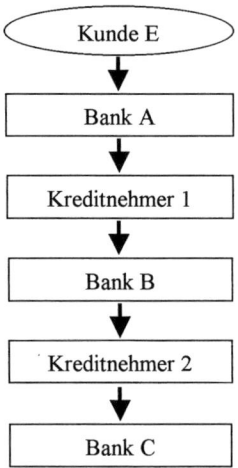

Abbildung 21

(a) 1.000 GE
(b) 1.800 GE
(c) 1.250 GE
(d) 6.250 GE
(e) 3.050 GE
(f) 3.210 GE
(g) Keine der Alternativen (a) bis (f) trifft zu.

Aufgabe 69

Eine Privatperson hebt bei einer Geschäftsbank, die außer der gesetzlich vorgeschriebenen Mindestreserve keine weiteren Reserven an Zentralbankgeld hält, 20.000 Geldeinheiten (GE) ab.
Welchen Einfluß hat dieser Vorgang auf die Giralgeldmenge, wenn der Mindestreservesatz 16 Prozent beträgt?

(a) Die Giralgeldmenge sinkt um 320.000 GE.
(b) Die Giralgeldmenge steigt um 320.000 GE.
(c) Die Giralgeldmenge verändert sich nicht.
(d) Die Giralgeldmenge sinkt um 125.000 GE.
(e) Die Giralgeldmenge steigt um 125.000 GE.
(f) Keine der Aussagen (a) bis (e) ist richtig.

Aufgabe 70

Wie verhält sich in der vorhergehenden Aufgabe die Geldmenge M_1 im Vergleich zur Giralgeldmenge?

(a) Sie steigt stärker.
(b) Sie nimmt stärker ab.
(c) Sie steigt weniger als die Giralgeldmenge.
(d) Sie nimmt weniger ab als die Giralgeldmenge.
(e) Die Geldmenge M_1 entwickelt sich genauso wie die Giralgeldmenge.
(f) Keine der obigen Aussagen (a) bis (e) ist richtig.

Aufgabe 71

Welche monetären Größen beinhaltet die Geldmenge M_2?

(a) Die Geldmenge M_1 plus Spareinlagen.

(b) Die Geldmenge M_3 abzüglich Bankschuldverschreibungen mit einer Laufzeit bis zu zwei Jahren.

(c) Den Bargeldumlauf zuzüglich täglich fälliger Einlagen inländischer Nichtbanken bei Monetären Finanzinstituten sowie abzüglich aller Geldkartenaufladungsgegenwerte.

(d) Die Summe aus Geldmenge M_3 und Geldmenge M_1.

(e) Die Geldmenge M_1 zuzüglich Termineinlagen bis zu zwei Jahren und Einlagen mit einer Kündigungsfrist von bis zu drei Monaten.

(f) Keine der Alternativen (a) bis (e) trifft zu.

Aufgabe 72

Mit welchen der nachfolgenden Instrumente kann die EZB als wirtschaftspolitischer Akteur Einfluß auf die Volkswirtschaften im Euro-Währungsraum ausüben?

(1) – Offenmarktpolitik
(2) – Mindestreservepolitik
(3) – Festsetzung der von Geschäftsbanken zu haltenden Barreserve
(4) – Wettbewerbsbeschränkungen, um Geldschöpfung zu ermöglichen

(a) Nur Alternative (1) ist korrekt.
(b) Nur Alternative (2) ist korrekt.
(c) Nur Alternative (3) ist korrekt.
(d) Nur Alternative (4) ist korrekt.
(e) Alternativen (1) und (2) sind korrekt.
(f) Alternativen (1), (2) und (3) sind korrekt.
(g) Keine der Alternativen (a) bis (f) trifft zu.

Aufgabe 73

Die EZB möchte mit geldpolitischen Maßnahmen das ökonomische Umfeld in Europa beeinflussen.
Worin besteht in erster Linie der Unterschied zwischen der Offenmarkt- und der Mindestreservepolitik?

(a) Es gibt keinen Unterschied.
(b) Die Offenmarktpolitik zielt lediglich auf die Steuerung des Geldvolumens, die Mindestreservepolitik zielt nur auf die Steuerung des Zinssatzes.
(c) Die Mindestreservepolitik bestimmt nur die Verzinsung der längerfristigen Mindestreserveeinlagen der Geschäftsbanken, die Offenmarktpolitik bestimmt die Verzinsung der kurzfristigen Wechselkredite.
(d) Die Mindestreservepolitik bestimmt den pauschalen Mindestreservebetrag der Geschäftsbanken, die Offenmarktpolitik legt das Geldvolumen fest.
(e) Die Mindestreservepolitik bestimmt die zu hinterlegende Mindestreserve, die Offenmarktpolitik steuert das Geldangebot und das allgemeine Zinsniveau in einer Volkswirtschaft.
(f) Keine der Aussagen (a) bis (e) ist richtig.

Aufgabe 74

Nehmen Sie an, die EZB kauft Schuldverschreibungen der Bundesregierung im Wert von 1 Million Euro von einer Geschäftsbank. Die EZB bezahlt diese Schuldverschreibungen, indem sie der Bank den Betrag von 1 Million Euro als neue Reserven gutschreibt. Wie hoch ist im oben beschriebenen Prozeß der Betrag der maximalen Giralgeldschöpfung bei einem Reservesatz von 20 Prozent?

(a) 1.000.000 Euro
(b) 100.000 Euro
(c) 2.000.000 Euro
(d) 200.000 Euro
(e) 5.000.000 Euro
(f) Keine der Antworten (a) bis (e) ist richtig.

Aufgabe 75

Die in der vorigen Aufgabe beschriebene Maßnahme der EZB bezeichnet man als...

(a) ...Ordnungspolitik.
(b) ...Offenmarktpolitik.
(c) ...Währungspolitik.
(d) ...Mindestreservepolitik.
(e) ...Fiskalpolitik.

Aufgabe 76

Welche der nachfolgenden Alternativen (a) bis (g) ist korrekt?

(a) Eine vollkommen zinsunelastische Geldangebotskurve im Zins-Geldmengen-Diagramm impliziert eine von der Zentralbank exogen vorgegebene Geldmenge.
(b) Je größer die Zinselastizität der angebotenen Geldmenge ist, desto stärker sinkt die nachgefragte Geldmenge bei einer Zinserhöhung (ceteris paribus).
(c) In der Keynes'schen Theorie führt eine Erhöhung der Geldmenge zu geringeren Zinsen, was eine Ausdehnung der Investitionen bewirkt (ceteris paribus).
(d) Der in (c) geschilderte Effekt ist nur gering, da in der Keynes'schen Theorie die Investitionen nur eine geringe Zinselastizität aufweisen.

(e) Alternativen (a), (b) und (d) sind korrekt.
(f) Alternativen (a), (c) und (d) sind korrekt.
(g) Keine der Alternativen (a) bis (f) trifft zu.

Aufgabe 77

Die Nachfrage nach Geld auf dem Geldmarkt bei konstantem nominalen Bruttosozialprodukt...

(a) ...steigt mit steigendem nominalen Zinssatz.
(b) ...steigt mit fallendem nominalen Zinssatz.
(c) ...fällt mit fallendem nominalen Zinssatz.
(d) ...steigt mit fallendem Nominaleinkommen.
(e) Keine der Alternativen (a) bis (d) ist richtig.

Aufgabe 78

Welche Aussage zur Zinselastizität der Geldnachfrage trifft zu?

(a) Je größer die Zinselastizität der Geldnachfrage ist, desto stärker sinkt der Zinssatz bei einer exogenen Ausdehnung der angebotenen Geldmenge.
(b) Je kleiner die Zinselastizität der Geldnachfrage ist, desto stärker steigt der Zinssatz bei einer exogenen Verknappung der angebotenen Geldmenge.
(c) Je größer die Zinselastizität der Geldnachfrage ist, desto stärker steigt der Zinssatz bei einer exogenen Ausdehnung der angebotenen Geldmenge.
(d) Je kleiner die Zinselastizität der Geldnachfrage ist, desto stärker sinkt der Zinssatz bei einer exogenen Verknappung der angebotenen Geldmenge.
(e) Keine der Alternativen (a) bis (d) trifft zu.

Aufgabe 79

In einer geschlossenen Volkswirtschaft mit Staat hängen die Investitionen sowie die Geldnachfrage negativ vom Zinssatz ab. Die Zentralbank erhöht das Geldangebot und der Geldmarkt befindet sich stets im Gleichgewicht.
Welche der folgenden Aussagen kann richtig sein, wenn sich das erhöhte Geldangebot weder auf die Staatsausgaben noch auf den Konsum auswirkt?

(a) Der Anstieg des realen Bruttosozialprodukts ist umso größer, je größer der Absolutbetrag der Zinselastizität der Geldnachfrage ist.

(b) Der Anstieg des realen Bruttosozialprodukts ist umso größer, je zinselastischer die Geldnachfrage ist.

(c) Der Anstieg des realen Bruttosozialprodukts ist umso kleiner, je größer der Absolutbetrag der Zinselastizität der Geldnachfrage ist.

(d) Der Anstieg des realen Bruttosozialprodukts ist umso kleiner, je kleiner der Absolutbetrag der Zinselastizität der Geldnachfrage ist.

Aufgabe 80

In einer Volkswirtschaft befinden sich sowohl der Geld- als auch der Gütermarkt im Gleichgewicht. Auf dem Geldmarkt ist die Zinselastizität der Geldnachfragekurve negativ (aber größer minus unendlich), die Zinselastizität der Geldangebotskurve ist null. Der Gütermarkt läßt sich durch die Situation der neoklassischen Synthese in der kurzen Frist kennzeichnen, wobei das gleichgewichtige Bruttosozialprodukt kleiner als das Bruttosozialprodukt bei Vollbeschäftigung ist. In dieser Ökonomie kommt es zu einer exogenen Erhöhung der Geldmenge durch die Zentralbank. Welche der folgenden Effekte sind dann unter den üblichen ökonomischen Annahmen möglich?

(1) Der Zinssatz und die Investitionen steigen.

(2) Der Zinssatz sinkt und das Preisniveau steigt.

(3) Die aggregierte Angebotskurve verschiebt sich nach links.

(4) Die aggregierte Nachfrage steigt.

(5) Die Geldnachfragekurve verschiebt sich nach links.

(a) Nur Alternative (1) ist korrekt.

(b) Nur Alternative (2) ist korrekt.

(c) Nur Alternative (3) ist korrekt.

(d) Nur Alternative (4) ist korrekt.

(e) Nur Alternative (5) ist korrekt.

(f) Alternativen (1) und (3) sind korrekt.

(g) Alternativen (2) und (4) sind korrekt.

Aufgabe 81

Es liegen folgende Angaben zu zwei Volkswirtschaften A und B vor:

In Ökonomie A gilt hinsichtlich der Geldnachfrage: $M_A^D = 1.375 + 0{,}25 \cdot Y_A - 30 \cdot r_A$.

In Ökonomie B gilt hinsichtlich der Geldnachfrage: $M_B^D = 1.500 + 0{,}75 \cdot Y_B - 20 \cdot r_B$.

M_i^D : Geldnachfrage in Land i,
Y_i : Volkseinkommen in Land i,
r_i : Zinssatz in Land i (i = A, B).

Das Geldangebot in beiden Ländern ist identisch und beträgt jeweils M^S. In beiden Ländern befindet sich der Geldmarkt im Gleichgewicht, d.h. $M_i^D = M^S$ für i = A, B.

Das Geldangebot wird nun in beiden Ländern von M^S auf M^S_{neu} erhöht ($M^S_{neu} > M^S$).
Das Volkseinkommen beider Staaten ist konstant.
Welche der nachstehenden Aussagen ist korrekt?

(a) Der Zinssatz in Land A sinkt stärker als in Land B.
(b) Der Zinssatz in Land A steigt stärker als in Land B.
(c) Der Zinssatz in Land B sinkt stärker als in Land A.
(d) Der Zinssatz in Land B steigt stärker als in Land A.
(e) Der Zinssatzanstieg ist in beiden Ländern gleich groß.
(f) Der Zinssatzrückgang ist in beiden Ländern gleich groß.

Aufgabe 82

Welchen Wert hat die Zinselastizität der Geldnachfrage im gleichgewichtigen Zinssatz r_A^* für Land A bei einem Volkseinkommen von $Y_A = 4.512$ und einem Geldangebot von $M^S = 2.500$, wenn die Situation aus der vorigen Aufgabe vorliegt?
Hinweis: Berechnen Sie zuerst r_A^*.

(a) – 30/4512
(b) – 30
(c) – 3/4512
(d) – 3/2500
(e) – 30/2500
(f) Keine der Alternativen (a) bis (e) trifft zu.

Aufgabe 83

Die Geldnachfragefunktion eines Landes lautet:
$M^D = 1.375 + 0{,}25 \cdot Y - 50 \cdot r$.

M^D : Geldnachfrage
Y : Volkseinkommen
r : Zinssatz in Prozent

Das exogene Geldangebot M^S hat den Wert 2.500.
Wie hoch ist der gleichgewichtige Zinssatz r^* bei einem Volkseinkommen in Höhe von 7.000?

(a)   7,5 Prozent

(b)   5 Prozent

(c)   23 Prozent

(d)   13 Prozent

(e)   12,5 Prozent

(f)   Keine der Alternativen (a) bis (e) trifft zu.

Aufgabe 84

Gegeben ist die Situation aus der vorhergehenden Aufgabe.
Der gleichgewichtige Zinssatz für ein gegebenes Volkseinkommen von Y = 7.000 wird mit r^* gekennzeichnet. Eine Ausdehnung der Geldmenge von $M^S = 2.500$ auf $M^S = 3.000$ führt zu einem neuen Zinssatz r^*_{neu}.
Welche der folgenden Alternativen (a) bis (d), in denen die beiden Zinssätze r^* und r^*_{neu} miteinander verglichen werden, ist richtig?

(a) $r^*_{neu} = r^* \cdot (3.000/2.500)$

(b) $r^*_{neu} = r^*$

(c) $r^*_{neu} < r^*$

(d) $r^*_{neu} > r^*$

Aufgabe 85

Gemäß der Keynes'schen Geldtheorie gilt für die Geldnachfrage folgender Zusammenhang:

(1) Die Geldnachfrage hängt positiv vom Zinssatz und Einkommen ab.
(2) Die Geldnachfrage wird in erster Linie vom Einkommen und nur in geringem Maße vom Zinssatz beeinflußt.
(3) Die Steigung der Geldnachfragekurve im Zins-Geldmengen-Diagramm hat keinen Einfluß auf die Wirksamkeit der Fiskalpolitik.
(4) Die Zinselastizität der Geldnachfrage ist betragsmäßig gering.

(a) Nur Alternative (1) ist korrekt.
(b) Nur Alternative (2) ist korrekt.
(c) Nur Alternative (3) ist korrekt.
(d) Nur Alternative (4) ist korrekt.
(e) Alternativen (1) und (3) sind korrekt.
(f) Alternativen (1), (3) und (4) sind korrekt.
(g) Keine der Alternativen (a) bis (f) ist korrekt.

Aufgabe 86

Was versteht man unter dem Keynes'schen Transmissionsmechanismus?

(a) Den Wirkungsablauf, der die geldwirtschaftliche Sphäre einer Ökonomie mit der realwirtschaftlichen verbindet.
(b) Den Wirkungsablauf, über den der Keynesianische Multiplikatoreffekt das Bruttosozialprodukt erhöht.
(c) Den Mechanismus, der in der Keynesianischen Theorie langfristig den Ausgleich von Angebot und Nachfrage bewirkt.
(d) Den Mechanismus, der in der Keynesianischen Theorie langfristig die Preise und Löhne flexibel werden läßt.
(e) Keine der Alternativen (a) bis (d) trifft zu.

Aufgabe 87

In einer Volkswirtschaft mit Geld- und Gütermarkt gelte die Keynes'sche Theorie. Die Zentralbank erhöht in dieser Volkswirtschaft die Geldmenge.
Welche Wirkungskette kann dies zur Folge haben, wenn sich die Volkswirtschaft stets im Gleichgewicht befindet?

(a) Zinssatz sinkt → Investitionen steigen → Volkseinkommen steigt → Geldnachfrage steigt → Zinssatz steigt

(b) Zinssatz sinkt → Investitionen steigen → Volkseinkommen steigt → Geldnachfrage steigt → Zinssatz sinkt

(c) Zinssatz steigt → Investitionen sinken → Volkseinkommen sinkt → Geldnachfrage sinkt → Zinssatz steigt

(d) Zinssatz sinkt → Investitionen steigen → Volkseinkommen steigt → Geldnachfrage sinkt → Zinssatz steigt

(e) Zinssatz steigt → Investitionen sinken → Volkseinkommen sinkt → Geldnachfrage sinkt → Zinssatz sinkt

(f) Zinssatz steigt → Investitionen steigen → Volkseinkommen steigt → Geldnachfrage steigt → Zinssatz steigt

(g) Keine der Alternativen (a) bis (f) trifft zu.

Aufgabe 88

Welche der nachfolgenden Aussagen bezüglich der Motive der Geldhaltung sind korrekt?

(1) Gemäß der Auffassung der Monetaristen wird die Geldnachfrage in erster Linie vom Einkommen bestimmt.

(2) Gemäß der Auffassung der Keynesianer wird die Geldnachfrage in erster Linie durch das Transaktionsmotiv bestimmt.

(3) Die wichtigste Variable, die die Transaktionsnachfrage nach Geld bestimmt, ist die Höhe des Bruttosozialprodukts.

(4) Die Höhe des Zinssatzes hat keinen Einfluß auf die Geldmenge, die aufgrund des Vorsichtsmotivs nachgefragt wird.

(5) Neben dem Transaktions- und dem Vorsichtsmotiv beeinflußt das Handlungsmotiv die Geldnachfrage.

(a) Nur Alternative (1) ist korrekt.
(b) Nur Alternative (2) ist korrekt.
(c) Nur Alternative (3) ist korrekt.
(d) Nur Alternative (4) ist korrekt.
(e) Nur Alternative (5) ist korrekt.
(f) Alternativen (1) und (3) sind korrekt.
(g) Alternativen (3) und (4) sind korrekt.

Aufgabe 89
Welche der folgenden Aussagen trifft nach Ansicht der Monetaristen zu?

(a) Die Geldnachfrage wird in erster Linie durch das Transaktionsmotiv bestimmt.
(b) Langfristig gehen von gestiegenen Staatsausgaben keine Wirkungen auf das reale Bruttosozialprodukt aus.
(c) Preise und Löhne sind zumindest in der langen Frist relativ flexibel.
(d) Keine der Alternativen (a), (b) und (c) trifft zu.
(e) Alle Alternativen (a), (b) und (c) treffen zu.

Aufgabe 90
Welche Behauptung ist der Theorie des Monetarismus zuzuordnen?

(a) Das Geldangebot bestimmt das nominale Bruttosozialprodukt in der kurzen Frist.
(b) Das Geldangebot bestimmt das Preisniveau in der langen Frist.
(c) Die Fiskalpolitik ist vollkommen ineffektiv.
(d) Alle der obigen Alternativen (a) bis (c) sind richtig.
(e) Keine der Alternativen (a) bis (d) trifft zu.

Aufgabe 91
Welche Maßnahme eignet sich nach Ansicht der Monetaristen am besten zur Bekämpfung einer Inflation?

(a) – Erhöhung der Geldmenge
(b) – Verstetigung des Geldmengenwachstums

(c) – Senkung des Steuersatzes
(d) – Durchführung staatlicher Investitionsprogramme
(e) – Erhöhung der Staatsausgaben
(f) Keine der genannten Maßnahmen wird von den Monetaristen empfohlen.

Aufgabe 92
Welche Annahme wird in der älteren Quantitätstheorie des Geldes getroffen?

(a) Die Umlaufgeschwindigkeit des Geldes V und das nominale Bruttosozialprodukt sind konstant.
(b) V und das reale Bruttosozialprodukt sind konstant.
(c) Nur V ist konstant.
(d) V und das Preisniveau sind konstant.
(e) Das Preisniveau ist stets stabil.
(f) Keine der Alternativen (a) bis (e) ist richtig.

Aufgabe 93
Was besagt die Fisher'sche Verkehrsgleichung?

(a) Das reale Bruttosozialprodukt entspricht dem Produkt aus Geldumlaufgeschwindigkeit und Geldmenge.
(b) Die Geldmenge entspricht dem Quotienten aus nominalem Bruttosozialprodukt und Geldumlaufgeschwindigkeit.
(c) Preisniveau multipliziert mit dem realen Bruttosozialprodukt entspricht der Geldumlaufgeschwindigkeit.
(d) Reales Bruttosozialprodukt multipliziert mit der Geldumlaufgeschwindigkeit entspricht der Geldmenge multipliziert mit dem Preisniveau.
(e) Das nominale Bruttosozialprodukt entspricht der Geldmenge dividiert durch die Geldumlaufgeschwindigkeit.
(f) Keine der Aussagen (a) bis (e) ist richtig.

Aufgabe 94

Welche der nachfolgenden Antworten gibt die Fisher'sche Verkehrsgleichung richtig wieder?

Hinweis: M bezeichnet die umlaufende Geldmenge, P das Preisniveau, Q das reale Bruttosozialprodukt und V die Umlaufgeschwindigkeit des Geldes.

(a)   M·V = nominales Bruttosozialprodukt
(b)   M·Q = V·P
(c)   Die Geldschöpfung entspricht stets der Geldvernichtung.
(d)   Die angebotene entspricht stets der nachgefragten Geldmenge.
(e)   Alternativen (c) und (d) sind korrekt.
(f)   Alternativen (a) und (c) sind korrekt.
(g)   Keine der obigen Alternativen (a) bis (f) trifft zu.

Aufgabe 95

Mit Zufriedenheit stellt die Zentralbank fest, daß die Geldumlaufgeschwindigkeit in der Volkswirtschaft bei konstantem Bruttosozialprodukt um zehn Prozent abgenommen hat.

Um wieviel Prozent kann sie, bei Unterstellung der monetaristischen Theorie, die Geldmenge erhöhen, ohne weder eine Inflation noch eine Deflation auszulösen?

(a)   Die Geldmenge kann um mehr als zehn Prozent erhöht werden.
(b)   Die Geldmenge kann nur um weniger als zehn Prozent erhöht werden.
(c)   Die Geldmenge kann um genau zehn Prozent erhöht werden.
(d)   Die Geldmenge muß gesenkt werden, um eine Inflation zu vermeiden.
(e)   Mit den Angaben ist keine Aussage möglich.

Aufgabe 96

Das reale Bruttosozialprodukt eines Landes wächst um drei Prozent.

Um wieviel Prozent muß gemäß der Quantitätstheorie des Geldes die Geldumlaufgeschwindigkeit ansteigen, damit ein Geldmengenwachstum von fünf Prozent keine inflationären Tendenzen hervorruft?

(a)   1,6 Prozent
(b)   0,6 Prozent

(c) 3 Prozent
(d) 0,5 Prozent
(e) 5/3 Prozent
(f) Keine der angegebenen Lösungen ist richtig.

Aufgabe 97

Die monetären Statistiken zweier Volkswirtschaften weisen die folgenden Daten aus:

Volkswirtschaft 1
Geldmenge   3.000.000
Geldumlaufgeschwindigkeit   200
Preisniveau   110

Volkswirtschaft 2
Geldmenge   5.000.000
Geldumlaufgeschwindigkeit   300

Um wieviel Prozent muß in Volkswirtschaft 2 gemäß der Quantitätstheorie des Geldes das Preisniveau höher liegen als in Volkswirtschaft 1, wenn beide denselben realen Output erwirtschaften?

(a) Bei höherer Geldmenge und höherer Geldumlaufgeschwindigkeit kann das Preisniveau in Volkswirtschaft 2 nicht höher sein.
(b) Das Preisniveau in Volkswirtschaft 2 muß um 150 Prozent höher sein.
(c) Das Preisniveau in Volkswirtschaft 2 muß um 250 Prozent höher sein.
(d) Das Preisniveau in Volkswirtschaft 2 muß um 25 Prozent höher sein.
(e) Das Preisniveau in Volkswirtschaft 2 muß um 15 Prozent höher sein.

Aufgabe 98

Die Geldmenge M in einer Volkswirtschaft beträgt 600 Mrd. Euro und die Umlaufgeschwindigkeit des Geldes V ist 5. Um welchen Betrag muß M bei konstantem V wachsen, um eine Steigerung des realen Bruttosozialproduktes in Höhe von 25 Mrd. Euro zu erreichen?

(a) 5 Mrd. Euro
(b) 10 Mrd. Euro

(c) 25 Mrd. Euro
(d) Die Frage kann mit den vorliegenden Informationen nicht beantwortet werden.
(e) Keine der Alternativen (a) bis (d) trifft zu.

Aufgabe 99

Im Jahre 1 betrug die Geldmenge in einer Volkswirtschaft 1.000.000 Geldeinheiten (GE). Die Zentralbank plant das optimale Geldmengenwachstum für das Jahr 2 und wendet die Quantitätstheorie des Geldes an.
Um wieviel Prozent darf die Geldmenge höchstens zunehmen, falls bei einem geschätzten realen Outputwachstum von vier Prozent eine Inflationsrate von zwei Prozent gerade noch toleriert wird?

(a) 1,96 Prozent
(b) 6,08 Prozent
(c) 9,83 Prozent
(d) 4,00 Prozent
(e) Mit diesen Angaben ist keine Aussage möglich.

Aufgabe 100

Welche Maßnahme führt aus der Sicht der Monetaristen nicht zu einem Anstieg des nominalen Bruttosozialprodukts?

(a) Eine Erhöhung der Geldmenge durch Offenmarktpolitik der EZB.
(b) Eine Erhöhung der Staatsausgaben.
(c) Eine Erhöhung der Geldumlaufgeschwindigkeit durch Innovationen im Bankensektor.
(d) Eine Erhöhung der Einkommensteuer.
(e) Keine der Alternativen (a) bis (d) trifft zu.

Aufgabe 101

Die Aussagen (1) bis (4) beziehen sich auf die Wirksamkeit von Geld- und Fiskalpolitik als Instrumente zur Bekämpfung von Unterbeschäftigung.
Prüfen Sie, welche Aussagen korrekt sind.

(1) Keynesianer ziehen die Fiskalpolitik vor, da die negativen Rückwirkungsmechanismen höherer Zinsen aufgrund der betragsmäßig geringen Zinselastizität der Investitionen zu vernachlässigen sind.

(2) Keynesianer ziehen die Fiskalpolitik vor, da aufgrund der betragsmäßig geringen Zinselastizität der Geldnachfrage eine Ausdehnung der Geldmenge nur geringen Einfluß auf das Zinsniveau hat.

(3) Monetaristen ziehen die Fiskalpolitik vor, da aufgrund der betragsmäßig großen Zinselastizität der Geldnachfrage Änderungen in der Geldmenge nur geringen Einfluß auf das Zinsniveau haben.

(4) Monetaristen ziehen kurzfristig die Geldpolitik vor, da aufgrund der betragsmäßig großen Zinselastizität der Geldnachfrage bereits kleine Veränderungen in der Geldmenge großen Einfluß auf das Zinsniveau haben.

(a) Nur Aussage (1) ist korrekt.
(b) Nur Aussage (2) ist korrekt.
(c) Nur Aussage (3) ist korrekt.
(d) Nur Aussage (4) ist korrekt.
(e) Aussagen (1) und (2) sind korrekt.
(f) Aussagen (1) und (4) sind korrekt.
(g) Aussagen (2) und (3) sind korrekt.

Aufgabe 102
Welche der nachfolgenden Aussagen ist richtig?

(a) Eine Erhöhung des Geldangebots führt in der Keynes'schen Theorie zu einer Verschiebung der Geldnachfragefunktion nach rechts und zu einem Anstieg des Zinssatzes.

(b) Der Keynes'sche Transmissionsmechanismus führt unter Berücksichtigung des Feedback-Prozesses zu einer geringeren Ausdehnung des Bruttosozialprodukts als bei Vernachlässigung des Feedback-Prozesses.

(c) Nach Auffassung der Monetaristen stellt der Zinssatz den bedeutendsten Bestimmungsgrund für die Geldnachfrage dar.

(d) Im Gegensatz zu den Monetaristen präferieren Keynesianer langfristig angelegte geldpolitische Maßnahmen.

(e) Keine der Alternativen (a) bis (d) trifft zu.

Aufgabe 103

Monetaristen und Keynesianer beurteilen die Wirksamkeit von Geld- und Fiskalpolitik kontrovers. Welche Aussage ist richtig, wenn diese beiden Lehrmeinungen beschrieben werden sollen?

(a) Keynesianer gehen von einer geringen Zinselastizität der Geldnachfrage und von einer hohen Zinselastizität der Investitionsnachfrage aus.

(b) Der Keynes'sche Transmissionsmechanismus ist lediglich dazu geeignet, Prozesse im Bereich des Geldmarktes aufzuzeigen, wie sie z.B. bei einer exogenen Zinsänderung auftreten.

(c) Monetaristen gehen von einer steilen Geldnachfragekurve aus, was auf eine geringe Zinselastizität der Geldnachfrage hinweist.

(d) Monetaristen sehen die Fiskalpolitik als besonders wirksam an, um die Wirtschaft anzukurbeln, da über den Multiplikatorprozeß das Bruttosozialprodukt erheblich gesteigert werden kann.

(e) Keine der Alternativen (a) bis (d) ist richtig.

15. Die makroökonomische Bedeutung der Phillips-Kurve

Aufgabe 104
Welche der nachfolgenden Aussagen ist richtig?

(a) Die originäre Phillips-Kurve postuliert einen negativen Zusammenhang zwischen der Veränderung der Nominallohnsätze und der Arbeitslosenrate.

(b) Der Hysterese-Effekt behauptet, daß negative Beschäftigungseffekte auch dann bestehen bleiben, wenn der ursprüngliche Impuls, der diese hervorgerufen hat, nicht mehr existiert.

(c) Gemäß dem Konzept der Arbeitslosenquote mit nichtakzelerierender Inflation besteht zwischen der Inflation und der Arbeitslosigkeit keine Beziehung, wie sie die Phillips-Kurve unterstellt.

(d) Nur die Alternativen (a) und (b) sind korrekt.

(e) Nur die Alternativen (b) und (c) sind korrekt.

(f) Alternativen (a), (b) und (c) sind korrekt.

Aufgabe 105
Was besagt die modifizierte Phillipskurve?

(1) Die modifizierte Phillipskurve postuliert einen positiven Zusammenhang zwischen der Veränderung der Nominallohnsätze und der Arbeitslosenrate.

(2) Die modifizierte Phillipskurve behauptet, daß kein Zusammenhang zwischen der Arbeitslosenquote und der Veränderung der Nominallohnsätze besteht.

(3) Die modifizierte Phillipskurve postuliert einen negativen Zusammenhang zwischen der Inflationsrate und der Arbeitslosenrate.

(4) Die modifizierte Phillipskurve postuliert einen direkten positiven Zusammenhang zwischen dem Geldmengenwachstum und der Inflationsrate.

(a) Nur Aussage (1) ist korrekt.
(b) Nur Aussage (2) ist korrekt.
(c) Nur Aussage (3) ist korrekt.

(d) Nur Aussage (4) ist korrekt.
(e) Aussagen (1) und (3) sind korrekt.
(f) Aussagen (2) und (4) sind korrekt.
(g) Keine der Alternativen (a) bis (f) ist korrekt.

Aufgabe 106
Welche der nachfolgenden Aussagen zur Phillips-Kurve ist korrekt?

(a) Die Phillips-Kurve stellt den Zusammenhang zwischen Arbeitslosenquote und Realzins her.

(b) Durch die modifizierte Phillips-Kurve wird die Lehrmeinung der Monetaristen bestätigt, daß in einer Volkswirtschaft entweder Inflation auftritt oder Arbeitslosigkeit besteht.

(c) Für die Wirtschaftspolitik besteht keine Möglichkeit, sowohl ein stabiles Preisniveau als auch eine geringe Arbeitslosenquote zu erreichen, wenn die Erkenntnisse der modifizierten Phillips-Kurve gelten.

(d) Die Phillips-Kurve beinhaltet die Annahme, daß das Lohnniveau im Zeitablauf stetig ansteigt, unabhängig von der Höhe der Arbeitslosigkeit eines Landes.

(e) Empirisch wurden die Zusammenhänge der Phillips-Kurve nicht nur in der Vergangenheit bestätigt, sie lassen sich auch bei Verwendung neuerer Daten bestätigen.

(f) Keine der Aussagen (a) bis (e) ist richtig.

Aufgabe 107
Es werden im folgenden vier Aussagen zu makroökonomischen Themen getroffen.

(1) Unter Hysterese werden vorübergehende Erhöhungen der Arbeitslosigkeit während einer Rezession verstanden.

(2) Die langfristige Phillips-Kurve verläuft flacher als die kurzfristige Phillips-Kurve.

(3) Bei rationalen Erwartungen der Wirtschaftssubjekte kann der Staat als wirtschaftspolitischer Akteur die Wirtschaftssubjekte im privaten Sektor über einen längeren Zeitraum hinweg systematisch täuschen.

(4) Falls adaptive Erwartungen der Marktteilnehmer angenommen werden, ist der langfristige Verlauf der Phillips-Kurve vertikal.

In welcher der Alternativen (a) bis (f) werden die obenstehenden Aussagen korrekt beurteilt?

(a) Nur die Aussagen (1) und (2) sind richtig.
(b) Nur Aussage (1) ist richtig, die anderen drei Aussagen sind falsch.
(c) Lediglich Aussage (4) ist richtig.
(d) Nur die Aussagen (2) und (3) sind richtig.
(e) Alle Aussagen sind falsch.
(f) Alle Aussagen sind richtig.

Aufgabe 108

Die volkswirtschaftliche Theorie kennt sowohl rationale als auch adaptive Erwartungen bei den Wirtschaftssubjekten.
Worin liegen die Unterschiede zwischen diesen beiden Konzepten?

(1) Werden rationale Erwartungen unterstellt, lernen die Wirtschaftssubjekte aus den Fehlern, die ihnen in der Vergangenheit unterlaufen sind.

(2) Werden adaptive Erwartungen angenommen, sind die Erwartungen der Marktteilnehmer im Durchschnitt stets korrekt.

(3) Falls den Marktteilnehmern rationale Erwartungen unterstellt werden, unterlaufen ihnen keine systematischen Fehler bei der Erwartungsbildung.

(4) Das Konzept der adaptiven Erwartungen geht davon aus, daß Wirtschaftssubjekte bei der Bildung von Erwartungen ihre bisherigen Prognosefehler berücksichtigen und die tatsächlichen Daten mit den Erwartungswerten vergleichen.

(a) Alle vier Aussagen sind richtig.
(b) Keine der vier obigen Aussagen ist richtig.
(c) Lediglich Aussage (1) ist richtig.
(d) Lediglich Aussage (2) ist richtig.
(e) Die Aussagen (3) und (4) sind richtig, während die Aussagen (1) und (2) falsch sind.

Aufgabe 109

Für eine Ökonomie gilt die Phillips-Kurvenbeziehung $\pi = 5 - 2 \cdot u$. Die Inflationsrate ist π und die Arbeitslosenquote ist u (beide Größen in Prozent).
Wieviel Prozent beträgt die natürliche Arbeitslosenquote?

(a) 0,2 Prozent
(b) 5 Prozent
(c) 0,5 Prozent
(d) 2,5 Prozent
(e) Keine der angegebenen Lösungen ist richtig.

Aufgabe 110

Die Phillipskurve einer Volkswirtschaft wird beschrieben durch die Funktion $\pi(u) = 0{,}036/u$, mit der Inflationsrate π und der Arbeitslosenrate u.
Wie hoch ist die Substitutionsrate $d\pi/du$ zwischen Inflation und Arbeitslosigkeit bei einer Inflationsrate von sechs Prozent?

(a) 0
(b) – 1/6
(c) – 0,1
(d) – 6
(e) – 36
(f) Keine der angegebenen Lösungen ist korrekt.

Aufgabe 111

Die Phillipskurve in einer Volkswirtschaft ist durch die Funktion $\pi(u) = 0{,}0032/u$ gegeben. Die Inflationsrate ist π und die Arbeitslosenrate wird mit u bezeichnet.
Wie hoch ist die Substitutionselastizität zwischen Inflation und Arbeitslosigkeit bei einer Inflationsrate von 0,04 und einer Arbeitslosenrate von 0,08?

(a) – 0,08
(b) – 12,5
(c) – 6,5
(d) – 25

(e)   – 1

(f)   – 2

(g)   Keine der Lösungen (a) bis (f) ist richtig.

Aufgabe 112

Was bedeutet der Begriff NAIRU?

(a)   Non-Accounting Inflation Rate of Unemployment

(b)   Non-Achieving Inflation Rate of Unemployment

(c)   Non-Accelerating Inflation Rate of Unemployment

(d)   New Agreement on Inflation Rate and Unemployment

(e)   Keine der Alternativen (a) bis (d) ist richtig.

Aufgabe 113

Nehmen Sie an, die NAIRU in Aufgabe 111 betrage zwei Prozent.
Welche Aussage zur NAIRU ist dann korrekt?

(a)   Ein Anstieg der NAIRU um ein Prozent senkt die Inflationsrate um zwei Prozent.

(b)   Ein Anstieg der NAIRU um ein Prozent erhöht die Inflationsrate um zwei Prozent.

(c)   Die NAIRU kann nicht erhöht oder gesenkt werden, da sie inflationsstabil ist.

(d)   Zwischen der NAIRU und der Arbeitslosigkeit kann kein eindeutiger Zusammenhang festgestellt werden.

(e)   Keine der Antworten (a) bis (d) ist richtig.

Aufgabe 114

Stellen Sie sich eine Volkswirtschaft vor, die sich durch hohe Wachstumsraten des Bruttosozialprodukts sowie durch eine ausgeprägte Preisniveaustabilität beschreiben läßt. Die NAIRU dieses Landes beträgt fünf Prozent und ist derzeit erreicht.

Was passiert, wenn die Regierung nun versucht, die Nachfrage zusätzlich zu stimulieren?
Hinweis: Gehen Sie davon aus, daß das Konzept der NAIRU gilt!

(a) Es kommt zu einem weiteren Rückgang der Arbeitslosenquote und zu einer höheren Inflation, da die beiden Größen so zusammenhängen, wie dies in der Phillips-Kurve unterstellt wird.

(b) Es kommt zu einer Beschleunigung der Inflationsrate, über deren Ausmaß die Regierung keine exakten Schätzungen abgeben kann.

(c) Durch die nachfragestimulierenden Maßnahmen der Regierung wird sowohl die Inflationsrate abnehmen als auch die Arbeitslosenrate sinken.

(d) Da die beschriebene Volkswirtschaft bereits vor den Maßnahmen der Regierung expandiert ist, sind keine weiteren Verbesserungen der Beschäftigung und der Preisstabilität zu erwarten.

(e) Die Arbeitslosenrate wird nur geringfügig zurückgehen, wohingegen eine starke Reduzierung der Inflationsrate zu erwarten ist.

(f) Keine der obigen Aussagen (a) bis (e) ist richtig.

Aufgabe 115

In Abbildung 22 ist auf der Abszisse die Höhe der NAIRU einer Volkswirtschaft eingezeichnet. Leider wurden sämtliche Achsenbeschriftungen und Erläuterungen vergessen. Deshalb ist nicht klar, welche Entwicklungen in dieser Wirtschaft zu erwarten sind, wenn Werte links oder rechts von der NAIRU erreicht werden.

Klären Sie, welche Aussage dieses Schaubild passend beschreibt.

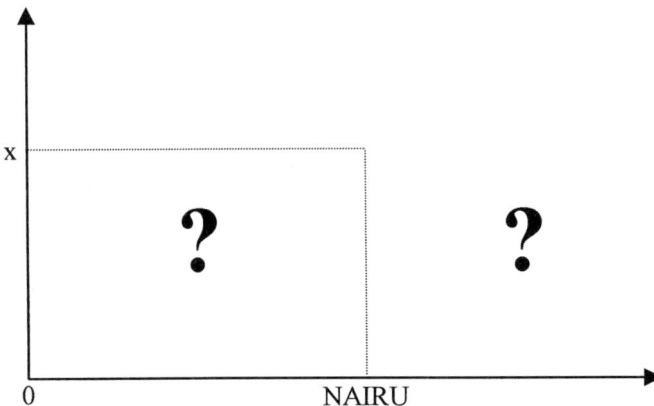

Abbildung 22

(a) Es existiert zu jedem Zeitpunkt eine Inflationsrate (NAIRU), die mit einer stabilen Arbeitslosenquote von x Prozent einhergeht. Rechts von der NAIRU wird diese Arbeitslosenquote akzelerieren.

(b) Es existiert zu jedem Zeitpunkt eine Arbeitslosenrate (NAIRU), die mit einer stabilen Inflationsrate von x Prozent einhergeht. Rechts von der NAIRU wird diese Inflationsrate akzelerieren.

(c) Es existiert zu jedem Zeitpunkt eine Inflationsrate (NAIRU), die mit einer stabilen Arbeitslosenquote von x Prozent einhergeht. Rechts von der NAIRU wird diese Arbeitslosenquote akzelerieren.

(d) Es existiert zu jedem Zeitpunkt eine Arbeitslosenrate (NAIRU), die mit einer stabilen Inflationsrate von x Prozent einhergeht. Links von der NAIRU wird diese Inflationsrate akzelerieren.

(e) Mit diesem Diagramm kann die NAIRU auf keinen Fall dargestellt werden.

(f) Keine der Aussagen (a) bis (e) ist richtig.

Aufgabe 116

Die USA haben während der Clinton-Präsidentschaft den längsten wirtschaftlichen Aufschwung ihrer Geschichte erfahren. Bemerkenswert ist dabei vor allem der hohe gesamtwirtschaftliche Produktivitätszuwachs.

Wie könnte sich dieser Produktivitätsanstieg auf die NAIRU ausgewirkt haben?

(a) Die NAIRU ist gestiegen.
(b) Die NAIRU ist gesunken.
(c) Die NAIRU blieb unverändert.
(d) Es kann auf keinen Fall eine Aussage über die mögliche Entwicklung der NAIRU getroffen werden.
(e) Keine der Alternative (a) bis (d) ist richtig.

Aufgabe 117

Was versteht man in der Ökonomie unter Hysteresis-Effekten?

(a) – Panikverkäufe bei Inflation
(b) – Ungleichgewichte auf den Finanzmärkten
(c) – Überstürzte Aktienverkäufe
(d) – Inflationsraten von über 20 Prozent p.a.
(e) Keine der Alternativen (a) bis (d) ist richtig.

16. Angebotsorientierte Makroökonomik

Aufgabe 118

Welche der folgenden Alternativen ist **kein** stilisiertes Faktum im Sinne von Kaldor?

(a) Die Kapitalintensität steigt kontinuierlich an.

(b) Die Anteile von Arbeit und Kapital am Volkseinkommen sind nahezu konstant.

(c) Der Kapitalkoeffizient sinkt langfristig.

(d) Die Entlohnung des Produktionsfaktors Kapital bleibt annähernd konstant.

(e) Alle Alternativen (a) bis (d) sind richtig.

Aufgabe 119

Gegeben ist eine Volkswirtschaft mit der gesamtwirtschaftlichen Produktionsfunktion
$Y_t = T \cdot K_t^{0,3} \cdot L_t^{0,7}$, die angibt, wie das reale Bruttoinlandsprodukt Y unter Verwendung von Kapital und Arbeit L produziert wird.
Das Technologieniveau ist bei T = 5 fixiert und die Arbeitsausstattung ist mit L = 10.000 konstant vorgegeben. Die Sparquote s hat den Wert 0,1 und die Abschreibungsquote δ beträgt 0,05.
Wie groß ist die Wachstumsrate des Bruttoinlandsproduktes bei einem Kapitalstock von 10.000?
Das Ergebnis ist auf zwei Nachkommastellen zu runden.

(a) 0 Prozent
(b) 1 Prozent
(c) 3 Prozent
(d) 5 Prozent
(e) 10 Prozent
(f) 15 Prozent
(g) Keine der vorgegebenen Lösungen ist richtig.

Aufgabe 120

In der Volkswirtschaft aus der vorhergehenden Aufgabe beträgt der Kapitalstock nun 100.000, die restlichen Parameterwerte sind unverändert.
Wie groß ist bei diesem Kapitalstock die Wachstumsrate des realen Bruttoinlandsproduktes? Das Ergebnis ist wiederum auf zwei Nachkommastellen zu runden.

(a) 0 Prozent
(b) 1 Prozent
(c) 3 Prozent
(d) 5 Prozent
(e) 10 Prozent
(f) 15 Prozent
(g) Keine der Antworten (a) bis (f) ist richtig.

Aufgabe 121

Bei welchem Kapitalstock erreicht die gegebene Volkswirtschaft aus Aufgabe 119 ihren steady-state, d.h. jenen Zustand, in dem das Wachstum des realen Bruttoinlandsproduktes zum Stillstand kommt?

(a) Der steady-state wird bei einem Kapitalstock erreicht, der kleiner als 10.000 ist.
(b) Der steady-state wird bei einem Kapitalstock von 10.000 erreicht.
(c) Der steady-state wird bei einem Kapitalstock von 50.000 erreicht.
(d) Der steady-state wird bei einem Kapitalstock von 100.000 erreicht.
(e) Der steady-state wird bei einem Kapitalstock von 200.000 erreicht.
(f) Der steady-state wird bei einem Kapitalstock erreicht, der größer als 200.000 ist.

Aufgabe 122

Vergleichen Sie die Ergebnisse der Aufgaben 119 und 120.
Welche der im folgenden genannten ökonomischen Kräfte spielt dann eine wesentliche Rolle für die Wachstumsrate des realen Bruttoinlandsproduktes?

(a) Ständig wiederkehrende Konjunkturzyklen in der betrachteten Volkswirtschaft.
(b) Positive Skalenerträge beider Inputfaktoren in der Produktion.
(c) Eine abnehmende Grenzproduktivität des Kapitals.

(d) Endogener technischer Fortschritt in der Volkswirtschaft der Aufgabe 119.

(e) Keine der in den Alternativen (a) bis (d) angeführten ökonomischen Kräfte ist entscheidend für das Wachstum der betrachteten Volkswirtschaft.

Aufgabe 123

Im Modell von Solow (1956) ist das Wachstum des Volkseinkommens mit dem Kapitaleinsatz verknüpft.
Welche der nachstehenden Aussagen liefert eine korrekte Interpretation der Ergebnisse des Solow-Modells?

(1) Mit steigendem Kapitaleinsatz nimmt das Wachstum des Volkseinkommens aufgrund der steigenden Grenzproduktivität des Kapitals zu.

(2) Bei einer bestimmten Höhe des Kapitalstocks einer Volkswirtschaft werden mit den aus dem Sparaufkommen ermöglichten Investitionen die Abschreibungen des Kapitalstocks ausgeglichen.

(3) Sind in einer Volkswirtschaft die Abschreibungen des Kapitalstocks höher als die Investitionen, so verringert sich der Kapitalstock.

(4) Der Einfluß der marginalen Sparneigung auf das gesamtwirtschaftliche Wachstum ist im Solow-Modell zu vernachlässigen, da die Entwicklung von Volkswirtschaften vor allem durch die vorhandene Produktionsfunktion determiniert wird.

(a) Alle Aussagen sind richtig.
(b) Keine der Aussagen (1) bis (4) ist richtig.
(c) Lediglich die Aussagen (1) und (2) sind richtig.
(d) Lediglich die Aussagen (3) und (4) sind richtig.
(e) Lediglich die Aussagen (2) und (3) sind richtig.
(f) Lediglich die Aussagen (1) und (4) sind richtig.
(g) Nur die Aussage (3) ist richtig.

Aufgabe 124

In der makroökonomischen Theorie ist das Modell von Romer (1986) ein weit verbreiteter Ansatz zur Erklärung des Wirtschaftswachstums.
Welche ökonomischen Kräfte sind in diesem Modell für das Wachstum des Bruttoinlandsproduktes verantwortlich?

(a) Mehreinsatz des Produktionsfaktors Kapital und dadurch Zunahme der Herstellungsmenge von Gütern und Dienstleistungen.

(b) Exogener technischer Fortschritt.

(c) Konstante Grenzproduktivität des Kapitals aufgrund von Wechselwirkungen zwischen physischem Kapital und Humankapital (learning-by-doing Effekt der Arbeitskräfte).

(d) Produkt- und Prozessinnovationen, die durch dynamische Unternehmer hervorgebracht werden.

(e) Effizientere Nutzung der vorhandenen Ressourcen.

(f) Das Auftreten zufälliger Technologieschocks, deren Wirkung sich über den Arbeitsmarkt vollzieht.

(g) Keine der Antworten (a) bis (f) ist richtig.

Aufgabe 125

Eine Volkswirtschaft weist folgende gesamtwirtschaftliche Produktionsfunktion auf:

$Y_t = T \cdot K_t \cdot L_t^{0,7}$.

Das Technologieniveau ist bei T = 1 fixiert und die Arbeitsausstattung ist mit L = 1 konstant vorgegeben. Die Sparquote s hat den Wert 0,1 und die Abschreibungsquote δ beträgt 0,05.
Wie groß ist die Wachstumsrate des Bruttoinlandsproduktes bei einem Kapitalstock von 10.000?
Das Ergebnis ist auf zwei Nachkommastellen zu runden.

(a) 0 Prozent
(b) 1 Prozent
(c) 3 Prozent
(d) 5 Prozent
(e) 10 Prozent
(f) 15 Prozent
(g) Keine der Antworten (a) bis (f) ist richtig.

Aufgabe 126

Welches gesamtwirtschaftliche Wachstum stellt sich in der Volkswirtschaft aus der vorigen Aufgabe ein, wenn der Kapitalstock nun 100.000 beträgt und alle anderen Variablen unverändert geblieben sind?
Runden Sie das Ergebnis auf zwei Dezimalstellen.

(a) 0 Prozent
(b) 1 Prozent
(c) 3 Prozent
(d) 5 Prozent
(e) 10 Prozent
(f) 15 Prozent
(g) Keine der Antworten (a) bis (f) ist richtig.

Aufgabe 127

Welche der nachfolgenden Alternativen liefert aus ökonomischer Sicht eine plausible Erklärung für die Resultate der Aufgaben 125 und 126?

(a) Die Bedeutung des Einsatzfaktors Arbeit ist relativ hoch.
(b) Das Technologieniveau der betrachteten Volkswirtschaft ist sehr gering.
(c) Die Volkswirtschaft befindet sich stets in ihrem steady-state.
(d) Die Grenzproduktivität des Faktors Kapital ist konstant.
(e) Das Wachstum des Produktionsfaktors Arbeit nimmt kontinuierlich ab.

Aufgabe 128

Vergleichen Sie das Solow-Modell mit dem Romer-Modell bezüglich der Konvergenz von Volkswirtschaften.

Welche der folgenden Aussagen ist richtig?

(a) Während das volkswirtschaftliche Wachstum im Solow-Modell immer kleiner wird, je weiter eine Wirtschaft von ihrem steady-state entfernt ist, nimmt im Romer-Modell das Volkseinkommen stets in gleichem Maße zu wie der Kapitalstock (unabhängig von der absoluten Höhe des Kapitalstocks).
(b) In beiden Modellen wird angenommen, daß technischer Fortschritt eine endogene Größe ist.
(c) Im Gegensatz zum Romer-Modell, in dem der Aufbau von Humankapital eine entscheidende Rolle für das Wachstum von Volkswirtschaften spielt, basiert das Modell von Solow auf exogenem technischen Fortschritt.
(d) In beiden Modellen wird der Wachstumsprozeß von denselben ökonomischen Größen determiniert, lediglich die formale Darstellung ist unterschiedlich.
(e) Keine der Alternativen (a) bis (d) ist korrekt.

Aufgabe 129

Welche Behauptung zur Konjunkturtheorie von Schumpeter ist zutreffend?

(a) Die Hauptrolle in dieser Theorie spielen zyklisch schwankende Inflationsraten, die durch die Wachstumsraten der Preise bestimmt werden.

(b) Die Hauptrolle in dieser Theorie spielen kurzfristig zwar fixe, langfristig jedoch flexible Löhne und Preise.

(c) Die Hauptrolle in dieser Theorie spielen zyklisch auftretende Innovationen, die von dynamischen Unternehmern getätigt werden.

(d) Die Hauptrolle in dieser Theorie spielen intertemporale Substitutionseffekte zwischen Konsum und Freizeit.

(e) Die Alternativen (a) bis (c) treffen zu.

(f) Die Alternativen (a), (c) und (d) treffen zu, die Alternative (b) ist falsch.

Aufgabe 130

Gegeben sind die folgenden Aussagen zur Schumpeterianischen Wachstumstheorie:

(1) Die Schumpeterianische Wachstumstheorie argumentiert ausschließlich mit Aggregatgrößen.

(2) Die Schumpeterianische Wachstumstheorie basiert auf einer mikroökonomischen Modellierung von Märkten mit vollständiger Konkurrenz.

(3) In der Schumpeterianischen Wachstumstheorie existiert das Phänomen der monopolistischen Marktmacht.

(4) Die Schumpeterianische Wachstumstheorie wurde 1912 von J.A. Schumpeter entwickelt.

Welche der folgenden Alternativen ist richtig?

(a) Aussage (1) ist richtig.

(b) Aussage (2) ist richtig.

(c) Aussage (3) ist richtig.

(d) Aussage (4) ist richtig.

(e) Aussagen (1) und (3) sind richtig.

(f) Aussagen (1) und (4) sind richtig.

(g) Aussagen (2) und (4) sind richtig.

Aufgabe 131

Als Maßzahl für die Entwicklung von Volkswirtschaften wird oftmals die totale Faktorproduktivität herangezogen.
Was gibt diese Kennzahl an?

(a) Die totale Faktorproduktivität mißt, welcher Anteil des Outputwachstums auf den vermehrten Einsatz der Produktionsfaktoren zurückzuführen ist.

(b) Die totale Faktorproduktivität gibt an, um wieviel Prozent sich der Bestand der Produktionsfaktoren infolge einer Erhöhung des gesamtwirtschaftlichen Outputs erhöht hat.

(c) Die totale Faktorproduktivität gibt die prozentuale Veränderung des Outputs infolge der Produktivitätsveränderung aller Einsatzfaktoren an.

(d) Das Verhältnis von realem Output pro Kapitaleinheit wird durch die totale Faktorproduktivität angegeben.

(e) Keine der Antworten (a) bis (d) ist richtig.

Aufgabe 132

Was gibt die Arbeitsproduktivität an?

(a) Sie gibt an, wieviel Arbeitseinsatz notwendig ist, um eine Einheit des Outputs eines bestimmten Gutes zu erzeugen.

(b) Sie gibt an, welche Outputmenge eines bestimmten Gutes erzeugt werden kann, wenn eine Einheit des Produktionsfaktors Arbeit eingesetzt wird.

(c) Sie gibt die Wachstumsrate des Produktionsfaktors Arbeit über einen gewissen Zeitraum an.

(d) Sie gibt die prozentuale Änderung des Outputs an, wenn der Arbeitseinsatz in der Produktion um ein Prozent erhöht wird.

(e) Keine der Alternativen (a) bis (d) ist richtig.

Aufgabe 133

Welche der folgenden Alternativen ist **kein** stilisiertes Faktum der Konjunkturtheorie?

(a) Der private Konsum ist prozyklisch und phasengleich zum Referenzzyklus.

(b) Die Entwicklung der Arbeitslosenzahl ist antizyklisch und phasengleich.

(c) Die Preisindizes für den privaten Verbrauch und für das BSP entwickeln sich prozyklisch.

(d) Die Reallöhne verhalten sich prozyklisch.

(e) Alle Alternativen (a) bis (d) sind richtig.

Aufgabe 134

Die Theorie der Realen Konjunkturzyklen (RBC) stellt eine der zentralen Konjunkturtheorien dar, welche die moderne Wirtschaftswissenschaft kennt.
Welche der folgenden Aussagen zur Beschreibung dieser Lehrmeinung ist richtig?

(a) RBC Modelle sind der evolutorischen Ökonomik zuzuordnen. Dabei steht die Erklärung von Wachstumsphänomenen auf Unternehmensebene im Vordergrund.

(b) Für die Theorie der RBC ist die Analyse der Auswirkungen von technologischen Schocks auf das Effizienzniveau von Volkswirtschaften zentral.

(c) Wie der Keynesianismus ist die Theorie der RBC ebenfalls nachfrageorientiert und sieht die Fiskalpolitik als besonders wirksam an, um den Konjunkturverlauf einer Volkswirtschaft zu stabilisieren.

(d) Der Ansatz der Realen Konjunkturzyklen liefert vor allem für den Arbeitsmarkt Ergebnisse, die sich empirisch sehr gut bestätigen lassen. Dagegen zeigt diese Theorie Schwächen bei der Analyse der Gütermärkte.

(e) Keine der Antworten (a) bis (d) ist korrekt.

Aufgabe 135

Für die Real Business Cycle Theory gilt folgende Aussage:

(a) Die wesentliche Rolle in dieser Theorie spielen kurzfristig zwar fixe, langfristig jedoch flexible Löhne und Preise.

(b) Eine wesentliche Rolle spielt die technologische Entwicklung einer Volkswirtschaft, die zu Schwankungen in der Produktivität führt.

(c) Eine wesentliche Rolle spielt die Inflationsrate, die in einer umgekehrt proportionalen Beziehung zur Arbeitslosenrate steht.

(d) Die Real Business Cycle Theory ist äquivalent zur Konjunkturtheorie von Schumpeter.

(e) Eine wesentliche Rolle spielt die umlaufende Geldmenge, die über die (konstante) Umlaufgeschwindigkeit das nominale Bruttosozialprodukt bestimmt.

(f) Eine wesentliche Rolle spielt die Lafferkurve, die die Höhe des optimalen Steuersatzes und somit das Aktivitätsniveau in einer Volkswirtschaft bestimmt.

(g) Keine der Alternativen (a) bis (f) trifft zu.

Aufgabe 136

Was besagt das Gesetz von Okun?

(a) Die Differenz zwischen tatsächlicher und natürlicher Arbeitslosenquote ist umso geringer, je größer die Lücke zwischen tatsächlicher und potentieller Produktion in einer Volkswirtschaft ist.

(b) Die Inflationsrate ist umso geringer, je geringer die Produktion in einer Volkswirtschaft ist.

(c) Die Fiskalpolitik ist der Geldpolitik zur Bekämpfung anhaltender Unterbeschäftigung vorzuziehen.

(d) Die Inflationsrate ist umso größer, je geringer die Differenz zwischen tatsächlicher und potentieller Produktion in einer Volkswirtschaft ist.

(e) Die Differenz zwischen tatsächlicher und natürlicher Arbeitslosenquote ist umso größer, je größer die Differenz zwischen tatsächlicher und potentieller Produktion in einer Volkswirtschaft ist.

Aufgabe 137

Das Gesetz von Okun sei folgendermaßen formalisiert dargestellt:

$u - u^* = \alpha \cdot (BSP^* - BSP), \alpha > 0,$

mit u: tatsächliche Arbeitslosenquote,

u^*: natürliche Arbeitslosenquote,

BSP^*: potentielles Bruttosozialprodukt,

BSP: tatsächliches Bruttosozialprodukt.

Welche der folgenden Aussagen ist zutreffend?

(a) Falls α sehr groß ist, nähert sich die natürliche Arbeitslosenquote der tatsächlichen an.

(b) Je kleiner α ist, desto stärker wirkt sich eine Änderung des Bruttosozialprodukts auf die tatsächliche Arbeitslosenquote aus (bei u^* = const., BSP^* = const.).

(c) Je größer α ist, desto kleiner ist die Auswirkung einer Änderung des Bruttosozialprodukts auf die tatsächliche Arbeitslosenquote (bei u^* = const., BSP^* = const.).

(d) Je kleiner α ist, desto geringer ist die Auswirkung einer Änderung des Bruttosozialprodukts auf die tatsächliche Arbeitslosenquote (bei u^* = const., BSP^* = const.).

(e) Keine der Alternativen (a) bis (d) trifft zu.

Aufgabe 138

Welche der folgenden Alternativen ist richtig?

(a) Gegenstand der Konjunkturprognose ist die Abschätzung der langfristigen wirtschaftlichen Entwicklung einer Volkswirtschaft.

(b) Die Konjunkturdiagnose versucht an Hand verschiedener Indikatoren die momentane konjunkturelle Lage in einer Volkswirtschaft zu analysieren.

(c) Konjunkturprognosen erlauben keinerlei Rückschluß auf die zukünftig zu erwartenden Steuereinnahmen.

(d) Alle Alternativen (a) bis (c) sind richtig.

(e) Alle Alternativen (a) bis (c) sind falsch.

Aufgabe 139
Unterbeschäftigung bekämpft man nach Ansicht der Angebotstheoretiker mit...

(a) ...Forschungs- und Technologiepolitik.
(b) ...privaten Innovationen.
(c) ...steuerlichen Entlastungen für Unternehmen.
(d) ...Investitionshilfen.
(e) Alle Alternativen (a) bis (d) treffen zu.
(f) Keine der Alternativen (a) bis (d) trifft zu.

Aufgabe 140
Welche der folgenden Politikmaßnahmen wird **nicht** von angebotsorientierten Ökonomen empfohlen, um ökonomisches Wachstum zu fördern?

(a) Eine Erhöhung der Staatsausgaben.
(b) Senkungen von Unternehmenssteuern.
(c) Privatisierungen staatlicher Betriebe.
(d) Der Abbau von Reglementierungen auf dem Arbeitsmarkt.
(e) Keine der Alternativen (a) bis (d) trifft zu.
(f) Alle Alternativen (a) bis (d) treffen zu.

Aufgabe 141
Im Konzept der „Supply-Side Economics" wird dem aggregierten Angebot eine fundamentale Bedeutung zugesprochen, um das wirtschaftliche Wachstum zu beeinflussen.
Im welchem Fall ist eine Politikmaßnahme mit der Zielsetzung, das aggregierte Angebot auszudehnen, besonders wirksam?
Hinweis: Lösen Sie die Aufgabe anhand eines makroökonomischen Preis-Mengen-Diagramms.

(a) Wenn die aggregierte Angebotsfunktion im relevanten Outputbereich relativ steil verläuft.
(b) Wenn die aggregierte Angebotsfunktion im relevanten Outputbereich relativ flach verläuft.
(c) Wenn sich die Nachfragekurve stark nach rechts verschiebt.
(d) Wenn die Nachfragekurve linear verläuft.

(e) Wenn durch die Ausdehnung des aggregierten Angebots sowohl der Output als auch das Preisniveau in gleichem Maße zunehmen.

(f) Keine der Alternativen (a) bis (e) ist richtig.

Aufgabe 142

Was verstehen Sie unter Technologiepolitik?

(a) Die vollständige Risikoübernahme des Staates bei Forschungsprojekten von innovativen Unternehmen.

(b) Die Effizienzsteigerung von politischen Arbeitsabläufen durch den Einsatz moderner Kommunikationsmittel.

(c) Maßnahmen und Instrumente des Staates, um die technologische Entwicklung, insbesondere die Innovationsprozesse, zu fördern und zu beschleunigen.

(d) Die Entwicklung von Konzepten seitens der Politik für die Unternehmen, um den technischen Fortschritt voranzutreiben.

(e) Keine der Antworten (a) bis (d) ist richtig.

Aufgabe 143

Welche der folgenden Aussagen zur Technologiepolitik ist **falsch**?

(a) Die Patentschutzpolitik schützt Innovatoren vor Imitatoren.

(b) Die Innovationspolitik umfaßt die spezifische Förderung neuer Technologien und deren ökonomische Nutzung.

(c) Technologiepolitische Maßnahmen umfassen sowohl Steuererleichterungen als auch Subventionen.

(d) Über die staatliche Förderung von Unternehmensnetzwerken kann die Unsicherheit der Innovationstätigkeit ausgeschaltet werden.

(e) Alle Alternativen (a) bis (d) sind falsch.

17. Internationale Makroökonomik

Aufgabe 144

Was wird mit dem Außenbeitrag eines Landes bezeichnet?

(a) Die Differenz zwischen Kapitalexport und Kapitalimport.
(b) Das Verhältnis aus Dienstleistungsbilanz und Handelsbilanz.
(c) Der Saldo der Kapitalverkehrsbilanz.
(d) Die Differenz zwischen Export und Import an Waren und Dienstleistungen.
(e) Die Summe aus der Leistungsbilanz und Kapitalverkehrsbilanz.
(f) Keine der Alternativen (a) bis (e) trifft zu.

Aufgabe 145

Der Konsum (C) und die Investitionen (I) in einer Volkswirtschaft sind durch folgende Beziehungen gegeben:

$C = 120 + 0{,}8 \cdot (Y - T)$,

$I = 1.100 + 0{,}1 \cdot Y - 10.000 \cdot i$.

Das reale Bruttosozialprodukt ist Y, der Zinssatz i beträgt neun Prozent.

Die Exporte (X) betragen 400 und die Importe (M) sind gegeben durch: $M = 40 + 0{,}2 \cdot Y$. Die Staatsausgaben (G) betragen 500 und die Steuern (T) werden beschrieben durch $T = -50 + 0{,}25 \cdot Y$.

Berechnen Sie das gleichgewichtige Bruttosozialprodukt und den dazugehörigen Außenbeitrag.

(a) Y = 1.000; X–M(Y) = 100.
(b) Y = 1.260; X–M(Y) = –80.
(c) Y = 2.440; X–M(Y) = –128.
(d) Y = 300; X–M(Y) = 50.
(e) Y = 2.500; X–M(Y) = –100.
(f) Y = 2.000; X–M(Y) = –260.
(g) Keine der angegebenen Lösungen ist richtig.

Aufgabe 146

Welche Transaktionen werden in der Kapitalverkehrsbilanz erfaßt?

(a) – Handelskredite

(b) – Übertragungen an das Ausland ohne Gegenleistung

(c) – Zahlungen für Dienstleistungsexporte

(d) – Zahlungen für Warenimporte

(e) Keine der Alternativen (a) bis (d) trifft zu.

Aufgabe 147

Welcher der folgenden Posten einer Zahlungsbilanz führt zu Ausgaben einer Volkswirtschaft?

(a) – Warenexporte

(b) – Übertragungen aus dem Ausland

(c) – Dienstleistungsexporte

(d) – Kapitalexporte

(e) Keine der Alternativen (a) bis (d) trifft zu.

Aufgabe 148

Folgende Daten (GE = Geldeinheiten) der Zahlungsbilanz eines Landes sind bekannt:

Handelsbilanz: Exporte	0,67 GE
Importe	0,64 GE
Saldo der Dienstleistungsbilanz	–0,02 GE
Saldo der Übertragungsbilanz	–0,05 GE
Saldo der Kapitalbilanz	X GE
Saldo der Gold- und Devisenbilanz	0 GE

Welche der nachfolgenden Aussagen zur Zahlungsbilanz ist richtig?

(a) Die Leistungsbilanz weist ein Defizit auf, der Saldo der Kapitalbilanz muß negativ sein. Es muß gelten: $X < 0$.

(b) Die Leistungsbilanz weist einen Überschuß auf, der Saldo der Kapitalbilanz muß positiv sein. Es muß gelten: $X > 0$.

(c) Die Leistungsbilanz weist ein Defizit auf, der Saldo der Kapitalbilanz muß positiv sein. Es muß gelten: $X > 0$.

(d) Die Leistungsbilanz weist einen Überschuß auf, der Saldo der Kapitalbilanz muß positiv sein. Es muß gelten: $X > 0$.

(e) Keine der Alternativen (a) bis (d) trifft zu.

Aufgabe 149

Was erfaßt die Übertragungsbilanz?

(a) Jene Leistungen eines Landes, die ohne Gegenleistung erfolgen.
(b) Die Einnahmen und Ausgaben des Inlandes für Dienstleistungen.
(c) Den Austausch von Gütern mit dem Ausland.
(d) Die langfristigen Kapitaltransaktionen mit dem Ausland.
(e) Die kurzfristigen Kapitaltransaktionen mit dem Ausland.
(f) Keine der Alternativen (a) bis (e) trifft zu.

Aufgabe 150

Wie wird in der Theorie flexibler Wechselkurse der Wechselkurs eines Landes bestimmt?

(a) In der kurzen Frist durch die Wachstumsrate des realen Bruttosozialprodukts eines Landes.
(b) In der langen Frist durch die Theorie der Kaufkraftparität.
(c) Mittelfristig durch das Zinsniveau in einem Land.
(d) In der kurzen Frist durch die Goldreserven eines Landes.
(e) Keine der Alternativen (a) bis (d) trifft zu.

Aufgabe 151

In welchem Fall wird im System flexibler Wechselkurse eine Währung aufgewertet?

(a) Wenn das Angebot an dieser Währung steigt.
(b) Wenn die Nachfrage nach dieser Währung steigt.
(c) Wenn die Zentralbank eine Aufwertung beschließt.
(d) Wenn die Regierung eine Aufwertung beschließt.
(e) Keine der Alternativen (a) bis (d) trifft zu.

Aufgabe 152

Nehmen Sie an, die Währung eines Landes wird abgewertet.
Welche der nachfolgend genannten Ursachen können hierfür verantwortlich sein?

(1) Die Inflationsrate in diesem Land ist dauerhaft höher als im Vergleich zu anderen Ländern.
(2) Der Zinssatz in diesem Land ist deutlich höher als in anderen Ländern.
(3) Die politische Situation ist unsicher, was Anleger dazu veranlaßt, ihr Kapital abzuziehen.

(a) Alternativen (1) und (2) sind korrekt.
(b) Alternativen (1) und (3) sind korrekt.
(c) Nur Alternative (1) ist korrekt.
(d) Nur Alternative (2) ist korrekt.
(e) Nur Alternative (3) ist korrekt.

Aufgabe 153

Welche Faktoren beeinflussen den Wechselkurs im System flexibler Wechselkurse?

(a) Langfristig werden die Währungen von Ländern mit hohen Inflationsraten abgewertet.
(b) Kurzfristig haben Zinssätze einen starken Einfluß auf die Wechselkurse.
(c) Gemäß der Theorie der Kaufkraftparitäten spiegeln die Wechselkurse langfristig Unterschiede im Preisniveau von Ländern wider.
(d) Alle Alternativen (a) bis (c) sind korrekt.
(e) Keine der Alternativen (a) bis (c) ist korrekt.

Aufgabe 154

Wodurch wird im System fester Wechselkurse der Wechselkurs bestimmt?

(a) Vom Zusammenspiel von Angebot und Nachfrage.
(b) Vom Saldo der Handelsbilanz des Vorjahres.
(c) Vom Saldo der Kapitalbilanz des Vorjahres.
(d) Von der Festsetzung des Kurses durch die Regierungen.
(e) Keine der Alternativen (a) bis (d) trifft zu.

Aufgabe 155

Was war ein Kennzeichen des Bretton Woods Systems?

(a) Die Anerkennung des ECU als internationales Zahlungsmittel.
(b) Ein System flexibler Wechselkurse.
(c) Die Verpflichtung Großbritanniens, Gold zu 35 Pfund pro Unze zu kaufen.
(d) Ein System fester Wechselkurse.
(e) Keine der Alternativen (a) bis (d) trifft zu.

Aufgabe 156

Was versteht man unter dem Gesetz des einen Preises?

(a) Kurzfristig schwanken die Wechselkurse so, daß unterschiedliche Preise in den Ländern ausgeglichen werden.
(b) Langfristig ist der Preis von Kapital in unterschiedlichen Ländern gleich, was Anpassungen im Wechselkurs bewirkt.
(c) Mittelfristig führt eine Zinssenkung in einem Land zu geringeren Preisen, was zu einer Abwertung dieser Währung führt.
(d) Langfristig passen sich die Wechselkurse so an, daß ein Gut in zwei Ländern gleich viel kostet.
(e) Keine der Alternativen (a) bis (d) trifft zu.

Aufgabe 157
Welche Aussage gilt gemäß der Kaufkraftparitätentheorie?

(a) Die Währungen von Ländern mit relativ hohen Inflationsraten werden im Laufe der Zeit abgewertet.

(b) Die Währungen von Ländern mit relativ niedrigen Inflationsraten werden im Laufe der Zeit abgewertet.

(c) Die Währungen von Ländern mit großen Goldreserven werden im Laufe der Zeit abgewertet.

(d) Die Währungen von Ländern mit kleinen Goldreserven werden im Laufe der Zeit abgewertet.

(e) Keine der Alternativen (a) bis (d) trifft zu.

Aufgabe 158
Welche der folgenden Bedingungen mußte ein Land, das 1999 der Europäischen Wirtschafts- und Währungsunion beitreten wollte, im Jahr vor der dritten Stufe der Union **nicht** erfüllen?

(a) Die Arbeitslosenquote durfte höchstens so groß sein wie die durchschnittliche Arbeitslosenquote der drei Länder mit den geringsten Arbeitslosenquoten plus 3 Prozent.

(b) Der Nominalzins langfristiger Staatsanleihen durfte höchstens so groß sein wie der Durchschnitt jener drei Länder mit den geringsten Inflationsraten plus 2 Prozent.

(c) Die Inflationsrate durfte höchstens so groß sein wie der Durchschnitt der Rate jener drei Länder mit den geringsten Inflationsraten plus 1,5 Prozent.

(d) Das Defizit des Staatshaushaltes durfte höchstens 3 Prozent des BIP betragen.

(e) Keine der genannten Bedingungen mußte von den Beitrittskandidaten erfüllt werden.

Aufgabe 159
Im Vertrag über die Schaffung einer europäischen Gemeinschaftswährung sind sogenannte Konvergenzkriterien verankert, die den Teilnehmerstaaten u.a. Grenzen für die Neuverschuldung vorgeben.

Doch worin liegen die Gefahren einer wachsenden Staatsschuld?

(1) Für die gegenwärtige Verschuldung müssen die folgenden Generationen aufkommen, was zu einer unerwünscht einseitigen Belastung führt.

(2) Vor allem westeuropäische Staaten verwenden die durch Verschuldung aufgenommenen Mittel nicht für langfristige Investitionen, wie z.B. für den Ausbau der Infrastruktur.

(3) Trotz höherer Staatsausgaben kommt es auf keinen Fall zu einer Verbesserung der Gewinnaussichten für die Unternehmen.

(4) Durch steigende Staatsschulden können private Kreditnehmer aus dem Markt gedrängt werden.

(a) Nur die Aussagen (1) und (2) treffen zu.
(b) Nur die Aussagen (3) und (4) treffen zu.
(c) Nur die Aussagen (1) und (4) treffen zu.
(d) Nur die Aussagen (2) und (3) treffen zu.
(e) Alle Aussagen sind (1) bis (4) treffen zu.
(f) Keine der obigen Aussagen (1) bis (4) trifft zu.

Aufgabe 160

Welche der folgenden Aussagen ist **falsch**?

(a) Der Wechselkurs gibt den Preis in ausländischer Währung an, zu dem man eine Einheit der inländischen Währung kaufen kann.

(b) Der Devisenkurs gibt den Preis in inländischer Währung an, zu dem man eine Einheit der ausländischen Währung kaufen kann.

(c) Im System fester Wechselkurse wird der Wechselkurs durch das Währungsangebot und die Nachfrage nach einer Währung bestimmt.

(d) Das Bretton Woods Währungssystem bezeichnet man auch als Gold-Devisen Standard.

(e) Erträge eines Landes, die sich aus dem Reiseverkehr ergeben, werden in der Kapitalverkehrsbilanz erfaßt.

Aufgabe 161

Was besagt das Gesetz des komparativen Vorteils?

(a) Ein Land soll all jene Güter produzieren, bei denen es einen absoluten Vorteil hat, um die effiziente Güterproduktion zu erreichen.

(b) Ein Land soll nur jene Güter produzieren, bei denen es keinen komparativen Vorteil hat, um die effiziente Güterproduktion zu erreichen.

(c) Bei der Bestimmung der effizienten Güterproduktion zwischen Ländern spielen absolute und nicht komparative Vorteile die entscheidende Rolle.

(d) Bei der Bestimmung der effizienten Güterproduktion zwischen Ländern spielen komparative und nicht absolute Vorteile die entscheidende Rolle.

(e) Keine der Alternativen (a) bis (d) trifft zu.

Aufgabe 162

Zwei Volkswirtschaften, England (E) und Portugal (P), weisen unterschiedliche Produktionsmöglichkeiten auf.

In E kann ein Arbeiter in einem Jahr entweder 50 Fässer Wein oder 150 Meter Tuch produzieren.

In P hingegen kann ein Arbeiter entweder 80 Fässer Wein oder 400 Meter Tuch produzieren.

Welche der folgenden Aussagen ist richtig?

(a) P hat absolute Vorteile in der Produktion von Wein und Tuch; P hat komparative Vorteile in der Produktion von Tuch; die Opportunitätskosten von Tuch in P betragen 1/5 Wein, in E betragen sie 1/3 Wein.

(b) P hat absolute Vorteile in der Produktion von Wein und Tuch; P hat komparative Vorteile in der Produktion von Wein; die Opportunitätskosten von Tuch in P betragen 1/5 Wein, in E betragen sie 1/3 Wein.

(c) E hat absolute Vorteile in der Produktion von Wein und Tuch; P hat komparative Vorteile in der Produktion von Tuch; die Opportunitätskosten von Tuch in P betragen 1/5 Wein, in E betragen sie 1/3 Wein.

(d)   P hat absolute Vorteile in der Produktion von Wein und Tuch; P hat komparative Vorteile in der Produktion von Tuch; die Opportunitätskosten von Tuch in P betragen 1/4 Wein, in E betragen sie 1/2 Wein.

(e)   Keine der Alternativen (a) bis (d) ist korrekt.

Aufgabe 163
Welche Hauptaufgaben hat die 1995 gegründete Welthandelsorganisation WTO (World Trade Organization)?

(1)   – Unterstützung bei der Liberalisierung des Welthandels
(2)   – Finanzielle Unterstützung von Entwicklungsländern
(3)   – Schlichtung von Handelskonflikten zwischen Mitgliedsländern
(4)   – Stabilisierung von Währungen durch entsprechende Intervention auf den Finanzmärkten

(a)   Alle vier genannten Aufgaben werden von der WTO wahrgenommen.
(b)   Keine der vier genannten Aufgaben wird von der WTO wahrgenommen.
(c)   Lediglich die Aufgaben (1) und (3) fallen in den Zuständigkeitsbereich der WTO.
(d)   Lediglich die Alternativen (2) und (4) fallen in den Zuständigkeitsbereich der WTO.

Aufgabe 164
Nehmen Sie an, in Frankreich können jährlich 75.000 deutsche Autos verkauft werden. Zum Schutz der einheimischen Autohersteller begrenzt die französische Regierung die Anzahl der Automobile, die aus Deutschland importiert werden, auf 50.000 pro Jahr.
Welche Auswirkungen hat diese Maßnahme auf den Preis deutscher Automobile gemäß der internationalen Handelstheorie?

(a)   Da die Nachfrage zurückgeht, wird der Preis deutscher Automobile sowohl in Frankreich als auch in Deutschland sinken.

(b)   Aufgrund des Nachfrageüberschusses wird es zu einer Preiserhöhung deutscher Autos in beiden Ländern kommen.

(c)   Die deutschen Autohersteller werden die Produktion sofort an die geänderte Situation anpassen, um alle hergestellten Fahrzeuge am Markt absetzen zu können.

(d) In Frankreich ist von einer Preiserhöhung für deutsche Autos auszugehen, während die Fahrzeuge auf dem deutschen Markt voraussichtlich günstiger zu beziehen sind.

(e) Keine der Alternativen (a) bis (d) ist korrekt.

LÖSUNGEN ZU TEIL I: GRUNDLAGEN

1. Prinzipien der Volkswirtschaftslehre

Aufgabe 1 f. Siehe Lehrbuch *Volkswirtschaftslehre 1*, 5. Aufl., S. 11.

Aufgabe 2 c. Bei reinen öffentlichen Gütern kann niemand von der Nutzung ausgeschlossen werden. Die Kosten des Ausschlusses sind daher (unendlich) hoch.

Aufgabe 3 e.

Aufgabe 4 d. In der Volkswirtschaftslehre ist mit dem Begriff „Kapital" lediglich das Realkapital einer Wirtschaft gemeint. Dies wird in Alternative (d) ausgedrückt.

Aufgabe 5 c. Weitere Prinzipien, die den Allokationsprozess direkt beeinflussen, sind das ökonomische Prinzip, das marktwirtschaftliche Prinzip, das Opportunitätskostenprinzip sowie das Prinzip der ökonomischen Anreize.

Aufgabe 6 c. Da der Inputfaktor „Wissen" in dieser Aufgabe per Annahme die Merkmale eines öffentlichen Gutes hat, herrscht Nichtrivalität zwischen den Unternehmen bei der Anwendung und Nutzung dieses Produktionsfaktors.

2. Knappheit, Tausch und Effizienz

Aufgabe 7 b. Analog zur Herleitung der Produktionsmöglichkeitenkurve im Lehrbuch *Volkswirtschaftslehre 1*, 5. Aufl., kann eine graphische Lösung erstellt werden.

Aufgabe 8 d. Graphische Lösung ist analog zur Herleitung der Produktionsmöglichkeitenkurve im Lehrbuch *Volkswirtschaftslehre 1*, 5. Aufl., möglich.

Aufgabe 9 a.

Aufgabe 10 e. Gegenüber der Ausgangslage (Kurve AA) ist die maximal mögliche Produktionsmenge von Nahrungsmitteln gestiegen, jene von Kleidung blieb unverändert.

Aufgabe 11 c. Von beiden Gütern kann mehr produziert werden als zuvor.

Aufgabe 12 b. In Punkt W ist die Produktion <u>in</u>effizient. Mögliche Ursachen für eine ineffiziente Produktion werden in Antwort (b) angegeben.

Aufgabe 13 d. Am konkaven Verlauf der Produktionsmöglichkeitenkurve kann man erkennen, daß zunehmende Opportunitätskosten vorliegen.

Aufgabe 14 c. Setze $A = 0$; $0{,}06 \cdot M^2 = 0{,}5 \cdot 200^2 + 200^2$; $M = 1.000$.

Aufgabe 15 c. $dA/dM = -0{,}06 \cdot 2 \cdot M = -12$, für $M = 100$.

Aufgabe 16 e.

Aufgabe 17 e. Die Erhebung der Proportionalsteuer wirkt wie eine Reduktion des Faktorbestandes.

Aufgabe 18 b. Die Produktionsmöglichkeitenkurve verläuft linear (konstante Opportunitätskosten), die entsprechende Gleichung lautet: $y = 25 - \frac{1}{2} \cdot x$. Somit können maximal fünf Einheiten von Gut y erzeugt werden, wenn 40 Einheiten von Gut x produziert werden sollen. Fall 10 Einheiten von y produziert werden sollen, können maximal 30 Einheiten des Gutes x hergestellt werden.

Aufgabe 19 a. Durch den technischen Fortschritt erweitern sich die Produktionsmöglichkeiten, die neue lineare Transformationskurve lautet: $y = 50 - x$. Das Güterbündel $(x; y) = (40; 10)$ liegt nun auf der Transformationskurve und stellt eine effiziente Produktionskombination dar.

Aufgabe 20 d. Der Tangentialpunkt zwischen Nutzenmöglichkeitengrenze und sozialer Indifferenzkurve gibt die wohlfahrtsmaximale Allokation an. Somit wird diejenige soziale Indifferenzkurve erreicht, welche das höchste gesellschaftliche Nutzenniveau liefert. Je weiter eine soziale Indifferenzkurve vom Ursprung des Koordinatensystems entfernt liegt, desto höher ist der gesellschaftliche Nutzen.

Aufgabe 21 c. Bei einer Anfangsausstattung, die durch Punkt B beschrieben wird, verfügt der Haushalt 2 über die Gütermengen x_2^B und y_2^B. Diese Mengen können ebenso angegeben werden als $x_G - x_1^B$ und $y_G - y_1^B$.

Aufgabe 22 e. Falls eine Anfangsausstattung vorliegt, die durch Punkt C beschrieben werden kann, verfügt der Haushalt 1 über die Gütermengen x_1^C und y_1^C. Diese Mengen können ebenso angegeben werden als $x_G - x_2^C$ und $y_G - y_2^C$.

Aufgabe 23 c. Die Indifferenzkurven verlaufen konvex zum jeweiligen Koordinatenursprung. In Punkt C besitzt Haushalt 2 mehr von beiden Gütern x und y als in Punkt A oder in Punkt B. Somit liegt Punkt C auf einer höheren Indifferenzkurve als die Punkte A oder B.

3. Märkte und Preise

Aufgabe 24 c. Siehe Lehrbuch *Volkswirtschaftslehre 1*, 5. Aufl., S. 54.

Aufgabe 25 c.

Aufgabe 26 e. Bemerkung zu den Antworten (b) und (d): Bei Preisänderungen eines Gutes bewegt man sich entlang der Nachfragekurve für dieses Gut, um das neue Gleichgewicht zu bestimmen.

Aufgabe 27 d.

Aufgabe 28 c.

Aufgabe 29 b. Für jede Gütermenge ist der Absatzpreis nun höher als vor dem Anstieg der Produktionskosten, weil die Unternehmen die gestiegenen Produktionskosten auf die Konsumenten abwälzen.

Aufgabe 30 e.

Aufgabe 31 a. Es herrscht zunächst ein Angebotsüberschuß.

Aufgabe 32 b. Setze $p_A = p_N = p^* \Rightarrow 0{,}5 \cdot x_A + 2 = -0{,}5 \cdot x_N + 4$; $x_N = x_A = x^*$; $x^* = 2$; $0{,}5 \cdot x^* + 2 = p^*$; $p^* = 3$.

Aufgabe 33 f. Setze $p_A = p_N = p^* \Rightarrow 0{,}5 \cdot x_A + 4 = -0{,}5 \cdot x_N + 2$, $x_N = x_A = x^*$, $x^* = -2$ (keine sinnvolle Lösung, die beiden Kurven schneiden sich nicht im ersten Quadranten des Koordinatensystems).

Aufgabe 34 c. Die Lage der Nachfragekurve verändert sich, denn sie wird nach rechts verschoben.

Aufgabe 35 b. Setze $p_A = p_N = p^* \Rightarrow x^2 - 10 = 20 - x$; $x^2 + x - 30 = 0$; $x^* = 5$; $p^* = 15$.

Aufgabe 36 d.

Aufgabe 37 e. Bei einer sehr preiselastischen Nachfrage bewirkt eine marginale Preisänderung eine relativ starke Änderung der Nachfragemenge (flacher Verlauf der Nachfragekurve im Preis-Mengen-Diagramm).

Aufgabe 38 f. Zunächst ist die Preiselastizität der Nachfrage zu ermitteln. Sie hat den Wert $-\beta$. Deshalb gilt die errechnete Elastizität für alle Preis-Mengen-Kombinationen. Zwar verschiebt sich durch den technischen Fortschritt wie üblich die aggregierte Angebotsfunktion, jedoch ändert sich der Wert der Preiselastizität der Nachfrage nicht.

4. Der Staat

Aufgabe 39 d.

Aufgabe 40 a. Das sogenannte „magische Viereck" setzt sich aus den in den Antworten (b) bis (e) angeführten Zielen zusammen.

Aufgabe 41 b. Alternative (b) gibt die Kriterien der Nichtausschließbarkeit und der Nichttrivialität im Konsum wieder.

Aufgabe 42 d. Der Preis eines rein öffentlichen Gutes ist null.

Aufgabe 43 d. Externe Effekte werden nicht marktmäßig abgegolten.

Aufgabe 44 e.

Aufgabe 45 e.

Aufgabe 46 e. Die Funktion der Einkommensverteilung in Land 2 ist weiter von der Linie der Gleichverteilung aller Einkommen (d.h. der Winkelhalbierenden des ersten Quadranten) entfernt als jene in Land 1. Somit ist der Gini-Koeffizient für Land 1 größer.

Aufgabe 47 d.

Aufgabe 48 d. Die Fläche unter der Lorenzkurve ist ein rechtwinkliges Dreieck mit dem Flächeninhalt 0,45. Die Fläche zwischen Lorenzkurve und Winkelhalbierender beträgt $0{,}5 - 0{,}45$. Der Gini-Koeffizient beträgt dann $(0{,}5 - 0{,}45) / 0{,}5 = 0{,}1$.

Aufgabe 49 e. Das Integral der Funktion p^2 im Bereich [0; 1] beträgt 1/3. Somit ist der Flächeninhalt zwischen Winkelhalbierender und Lorenzkurve 1/2 − 1/3 = 1/6. Der Wert des Gini-Koeffizienten ist folglich (1/6 : 1/2) = 1/3.

Aufgabe 50 c. Die Fläche unter der Lorenzkurve im Bereich [0;1] beträgt 2/5. Der Gini-Koeffizient G läßt sich dann folgendermaßen bestimmen: G = (1/2 − 2/5) / (1/2) = 1 − 4/5 = 1/5.

Aufgabe 51 b. Die Aufgabe kann rechnerisch und graphisch gelöst werden. Es zeigt sich, daß die Lorenzkurve von Universitätsland, die mit $L_U(p)$ bezeichnet ist, mehr „durchhängt" als jene von Entenhausen, die gezeichnete Funktion $L_E(p)$. Somit ist der Gini-Koeffizient von Universitätsland größer.

Graphische Darstellung:

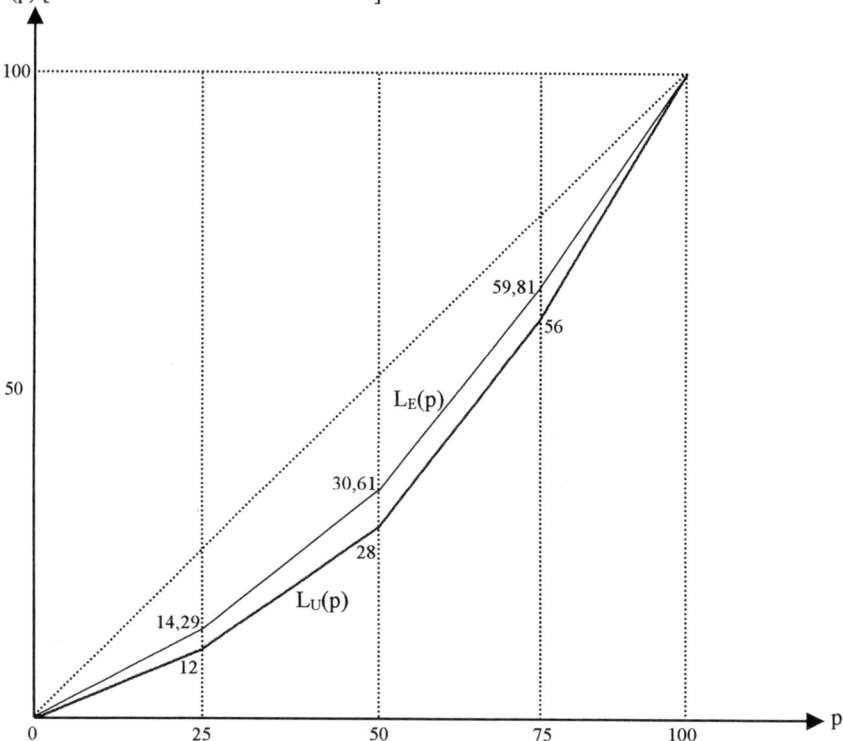

Die Werte lassen sich beispielsweise für Entenhausen folgendermaßen berechnen:
30.000 / 250.000 = 0,12; (30.000 + 40.000) / 250.000 = 0,28; etc.

Für Universitätsland gilt:
35.000 / 245.000 = 0,1429; (35.000 + 40.000) / 245.000 = 0,3061; etc.

Aufgabe 52 b. Die Ungleichheit der Einkommensverteilung wird größer und der Wert des Gini-Koeffizienten nimmt zu, denn Personen mit hohem Einkommen werden steuerlich relativ schwächer belastet als Personen mit geringem Einkommen.

Aufgabe 53 a. Die Steuerreform macht die Verteilung der Einkommen ungleicher.

5. Methodische Fragen

Aufgabe 54 a.

Aufgabe 55 c.

Aufgabe 56 b.

Aufgabe 57 c.

Aufgabe 58 a.

LÖSUNGEN ZU TEIL II: MIKROÖKONOMISCHE THEORIE

6. Konsum und Nachfrage

Aufgabe 1 c. Zu einer Präferenzordnung existiert eine ordinale Nutzenfunktion. Diese Nutzenfunktion ist invariant gegenüber monotoner Transformationen, weshalb letztendlich unendlich viele Nutzenfunktionen existieren, die eine Präferenzordnung repräsentieren.

Aufgabe 2 e.

Aufgabe 3 b. Es gilt: $(x, y), (y, z), (x, z) \in R$ und $(x, z), (z, y), (x, y) \in R$.

Aufgabe 4 e. Einsetzen der angegebenen Werte ergibt die Lösung.

Aufgabe 5 d.

Aufgabe 6 a.

Aufgabe 7 d.

Aufgabe 8 e.

Aufgabe 9 e.

Aufgabe 10 b. Ableitung von u nach x_1 ergibt: $0{,}5 \cdot x_1^{-0,5} \cdot 4^{0,5} = x_1^{-0,5}$.

Aufgabe 11 e. Das Nutzenniveau ist $u = 4 = x_1^{0,5} \cdot x_2^{0,5} \Leftrightarrow x_2^{0,5} = 4/x_1^{0,5} \Leftrightarrow x_2 = 16/x_1$.

Aufgabe 12 b. $dx_2/dx_1 = (-1) \cdot x_1^{-2} \cdot 16 = -16/x_1^2$.

Aufgabe 13 d.

Aufgabe 14 c.

Aufgabe 15 e. Die Transformationsrate muß der Grenzrate der Substitution entsprechen.

Aufgabe 16 a.

Aufgabe 17 a. S_1 ist steiler und näher am Ursprung als S_2; dies bedeutet, daß (p_1/p_2) sinkt und (y/p_2) steigt.

Aufgabe 18 c.

Die Optimalbedingung lautet: Verhältnis der Grenznutzen = Preisverhältnis $\Leftrightarrow x_2/x_1 = 60/60 = 1$.

Aufgabe 19 c. $L = (x_1 \cdot x_2)^{0,5} + \mu \cdot (5 \cdot x_1 + 5 \cdot x_2 - 50)$; L nach x_1, x_2 und μ ableiten, die Ergebnisse gleich null setzen. Es ergibt sich folgendes Gleichungssystem:

$0{,}5 \cdot x_2^{0,5} \cdot x_1^{-0,5} + 5 \cdot \mu = 0$ (I)

$0{,}5 \cdot x_1^{0,5} \cdot x_2^{-0,5} + 5 \cdot \mu = 0$ (II)

$5 \cdot x_1 + 5 \cdot x_2 - 50 = 0$ (III);

aus (I) folgt: $0{,}5 \cdot x_2^{0,5} \cdot x_1^{-0,5} = -5 \cdot \mu$, Substitution von $-5 \cdot \mu$ aus (I) in (II) ergibt: $x_1 = x_2$, dies eingesetzt in (III) liefert: $x_1 = x_2 = 5$.

Aufgabe 20 c. $u = 25^{0,5} = 5$.

Aufgabe 21 f.

Aufgabe 22 d. Im Optimum muß gelten: Verhältnis der Grenznutzen = Preisverhältnis ⇔
$(a \cdot x_2)/(b \cdot x_1) = 1$; $2 \cdot x_1 = x_2$, $a \cdot 2 \cdot x_1/(b \cdot x_1) = 1$; $2 \cdot a = b$.

Aufgabe 23 a. $60 = 2 \cdot x_1 + x_2$; $x_2 = 60 - 2 \cdot x_1$; $U = (x_1+20) \cdot (60-2 \cdot x_1)$; $dU/dx_1 = 20 - 4 \cdot x_1 = 0$; $x_1 = 5$; $x_2 = 50$.

Aufgabe 24 c. Da von Gut 1 nichts konsumiert wird, muß nur dieses Gut vollständig substituierbar sein.

Aufgabe 25 c. Positiv monotone Transformation: $u_1 < u_2 \Rightarrow h(u_1) < h(u_2)$.

Aufgabe 26 c. Die Transformation verändert den optimalen Verbrauchsplan nicht.

7. Produktion und Angebot

Aufgabe 27 a.

Aufgabe 28 a.

Aufgabe 29 d.

Aufgabe 30 b.

Aufgabe 31 b. Der Homogenitätsgrad r ist größer als eins, so daß der Ertrag der beschriebenen Produktionsfunktion um mehr als den Faktor λ zunimmt. Es liegen steigende Skalenerträge vor. Die hierzu passende Funktion in Abbildung 9 ist die konvexe Produktionsfunktion f_1.

Aufgabe 32 c. Bei linear-limitationalen Produktionsfunktionen existiert ein festes Einsatzverhältnis der Inputs und die Skalenerträge sind somit konstant.

Aufgabe 33 b. Damit x positiv ist, muß ß positiv sein.

Aufgabe 34 c. $dx/dv = ß \cdot \alpha \cdot x^{\alpha-1} > 0 \Leftrightarrow \alpha > 0$, α ungleich 1, $d^2x/dv^2 = ß \cdot \alpha \cdot (\alpha-1) \cdot x^{\alpha-2} < 0 \Leftrightarrow \alpha < 1$, $\Rightarrow 0 < \alpha < 1$.

Aufgabe 35 a. Die Steigung der Kostenfunktion nimmt zu. Die Stückkosten der Produktion nehmen zu, je höher der Output ist (steigende Grenzkosten). Somit weist die Produktionsfunktion sinkende Skalenerträge auf und verläuft konkav.

Aufgabe 36 e.

Aufgabe 37 c. $x = v^\alpha \Rightarrow C(x) = v = x_1^{1/\alpha}$.

Aufgabe 38 c. Preis = Grenzkosten ⇔ $2 = 2 \cdot x \Rightarrow x = 1$.

Aufgabe 39 e. Im Markt mit vollkommener Konkurrenz entspricht im Gewinnmaximum der Marktpreis dem Grenzerlös. Aufgrund der Identität von Grenzerlös und Grenzkosten gilt ebenso: Marktpreis = Grenzkosten.

Aufgabe 40 c. Abhängige Variable (Wirkungsgröße) bei der Preiselastizität des Angebots ist die Ausbringungsmenge, unabhängige Variable (Ursachengröße) ist der Güterpreis.

8. Preisbildung auf den Gütermärkten

Aufgabe 41 a. Die Eigenschaft, daß sich theoretisch unendlich viele Anbieter und Nachfrager auf dem Markt befinden, wird in der Ökonomie mit dem Begriff „atomistische Marktstruktur" ausgedrückt. Durch die Annahme eines flexiblen Preises wird jegliche Art von Preisabsprachen und Preisbindungen, wie sie z.b. in Kartellen vorherrschen, ausgeschlossen.

Aufgabe 42 b.

Aufgabe 43 e.

Aufgabe 44 c.

Aufgabe 45 e. Der Alleinanbieter maximiert seinen Gewinn, indem er nach der Regel „Grenzerlös gleich Grenzkosten" vorgeht. So wird zunächst die gewinnmaximale Menge ermittelt. Dadurch, daß man auf der Nachfragekurve den passenden Preis zu dieser optimalen Menge abliest, kann der Monopolpreis bestimmt werden.

9. Der Arbeitsmarkt

Aufgabe 46 a. Die Einkommens-Zeitrestriktion lautet: $p \cdot x + w \cdot F = w \cdot T$, mit dem Lohnsatz w, der nachgefragten Gütermenge x, der Freizeit F und der insgesamt verfügbaren Zeit T.

Aufgabe 47 c. Die höchstmögliche Isogewinnlinie, die das Unternehmen erreichen kann, ist die Linie AB. Es entsteht der Berührpunkt B zwischen Produktionsfunktion und Isogewinnlinie, woraus die optimale Arbeitsnachfrage D abgeleitet werden kann.

Aufgabe 48 a. Veränderungen des realen Lohnsatzes wirken sich auf die Steigung der Isogewinnlinie aus. Falls der Reallohn sinkt, erhöht sich die optimale Arbeitsnachfrage. Lage und Steigung der Produktionsfunktion bleiben unverändert.

Aufgabe 49 b.

Aufgabe 50 b.

Aufgabe 51 e.

10. Marktversagen und Staatseingriffe

Aufgabe 52 c. Das Maximum an sozialer Wohlfahrt stellt sich nur dann ein, wenn die Summe aus Produzenten- und Konsumentenrente ihren maximalen Wert erreicht.

Aufgabe 53 c.

Aufgabe 54 d. Eines der Merkmale von vollkommener Konkurrenz – der Voraussetzung für eine wohlfahrtsmaximale Allokation – ist die atomistische Marktstruktur, d.h. es gibt theoretisch unendlich viele Anbieter und Nachfrager auf einem Markt. Im Polypol stellt sich ein einheitlicher Güterpreis ein und der Staat muß nicht für die Bereitstellung von Gütern sorgen, da sich für alle Güter ein Preis erzielen läßt.

Aufgabe 55 d. Steuern und Subventionen sind zwei Möglichkeiten, um externe Effekte zu internalisieren. Beispiel: Einführung einer Umweltsteuer, um Unternehmen die Kosten aufgrund der von ihnen verursachten Naturschäden aufzuerlegen.

Aufgabe 56 b. Nichtrivalität im Konsum und Nichtausschließbarkeit vom Konsum sind die beiden grundlegenden Eigenschaften öffentlicher Güter.

Aufgabe 57 a.

Aufgabe 58 d. Die Fläche HAB entspricht der Konsumentenrente, die Fläche ABDE ist die Produzentenrente im Monopol. Der Wohlfahrtsverlust, der im Monopol im Vergleich zum Polypol entsteht, kann durch das Dreieck BCD dargestellt werden.

Aufgabe 59 e. Richtet sich die Preisregulierung nach den Grenzkosten des Alleinanbieters, so entsteht ein Verlust. Die Höhe der Stücksubvention ergäbe sich durch die Differenz zwischen den Durchschnittskosten und dem neuen, regulierten Preis (welcher dem Preis im Polypol entspricht).

Aufgabe 60 c.

LÖSUNGEN ZU TEIL III: MAKROÖKONOMISCHE THEORIE UND POLITIK

11. Wirtschaftskreislauf und Sozialprodukt

Aufgabe 1 a.

Aufgabe 2 c.

Aufgabe 3 b.

Aufgabe 4 c.

Aufgabe 5 d.

Aufgabe 6 c. $400 + 30 + 50 = 480 = 400 + 100 - 20$.

Aufgabe 7 e. Das Bruttosozialprodukt stellt auf Endprodukte ab.

Aufgabe 8 c.

Volkseinkommen = Einkommen aus Unternehmertätigkeit und Vermögen + Einkommen aus unselbständiger Arbeit; 400 = 90 + Einkommen aus unselbständiger Arbeit; Einkommen aus unselbständiger Arbeit = 310; BSP = Volkseinkommen + Abschreibungen + indirekte Steuern − Subventionen; BSP = 400 + 70 + 110 − 30 = 550; BSP = privater Verbrauch + Investitionen + Staatsverbrauch + Außenbeitrag; BSP = 550 = 240 + 120 + 100 + Außenbeitrag; Außenbeitrag = 90.

Aufgabe 9 b.

Aufgabe 10 e.

Aufgabe 11 c. $(3 \cdot 2 + 3 \cdot 4) / (2 \cdot 3 + 2 \cdot 2) = 1{,}8$.

Aufgabe 12 d. $(3 \cdot 3 + 3 \cdot 2) / (2 \cdot 3 + 2 \cdot 2) = 1{,}5$.

Aufgabe 13 d. $(3 \cdot 2 + 3 \cdot 4) / (2 \cdot 2 + 2 \cdot 4) = 1{,}5$.

12. Grundzusammenhänge der Makroökonomik: Aggregiertes Angebot und aggregierte Nachfrage

Aufgabe 14 a.

Aufgabe 15 b.

Aufgabe 16 b.

Aufgabe 17 a.

Aufgabe 18 d.

Aufgabe 19 e. Zeichnen Sie für beide Volkswirtschaften ein AA-AN-Diagramm.

Aufgabe 20 e. Es können nicht beide Ziele − geringeres Preisniveau und höherer Output − gleichzeitig erreicht werden. Allerdings kann durch eine erhöhte Nachfrage der Output gesteigert werden, während das Preisniveau stabil bleibt. Dies ist unter der Annahme einer Keynes'schen Angebotskurve immer dann der Fall, wenn die Volkswirtschaft ihre Kapazitätsgrenze noch nicht erreicht hat.

Aufgabe 21 e.

Aufgabe 22 a.

Aufgabe 23 d. Es handelt sich um einen negativen Angebotsschock.

Aufgabe 24 c. Graphisch lösen anhand eines AA-AN-Diagramms der neoklassischen Synthese in der kurzen Frist. Die AA-Kurve muß nach links verschoben werden und gleichzeitig die AN-Kurve nach rechts.

Aufgabe 25 e.

$20 + 15 \cdot Y + Y^2 = 100 - Y$; $Y^2 + 16 \cdot Y - 80 = 0$; $(Y-4) \cdot (Y+20) = 0$; $Y = 4 \Rightarrow P = 96$.

Aufgabe 26 e.

Aufgabe 27 c.

Preiselastizität der Nachfrage im Gleichgewicht = $(dY_{AN}/dP_{AN}) \cdot (P^*/Y^*) = (-1) \cdot (96/4) = -24$.

Aufgabe 28 b. Aufgabe graphisch lösen: Die neue Nachfragekurve verläuft flacher.

Aufgabe 29 c. Im Gleichgewicht gilt: aggregiertes Angebot = aggregierte Nachfrage

$\Rightarrow 10 = 100 - Y$; $Y = 90$; $P = 10$.

Aufgabe 30 b. Vollbeschäftigung wäre erreicht bei $Y = 100$ (Kapazitätsgrenze), tatsächliche Beschäftigung liegt bei $Y = 90$, Unterbeschäftigung ist somit $100 - 90 = 10$.

Aufgabe 31 a. . Im Gleichgewicht muß wiederum gelten: aggregiertes Angebot = aggregierte Nachfrage $\Rightarrow P(Y) = P(Y)$; $10 = 110 - Y$; $Y = 100$ (Vollbeschäftigung); $P(Y) = 10 = $ const.

Aufgabe 32 b.

Gleichsetzen von Angebot und Nachfrage $\Rightarrow P(Y) = P(Y)$; falls $Y \in [0;40[\Rightarrow 30 = 80 - 0,5 \cdot Y \Rightarrow Y = 100 \notin [0;40[$; falls $Y \in [40;100[\Rightarrow 10 + 0,5 \cdot Y = 80 - 0,5 \cdot Y \Rightarrow Y = 70 \in [40;100[$ und es ergibt sich $P(Y) = 45$; falls $Y \in [100; i) \Rightarrow 100 \cdot Y - 9.940 = 80 - 0,5 \cdot Y \Rightarrow Y = 99,7 \notin [100; i)$.

Aufgabe 33 d.

13. Nachfrageorientierte Makroökonomik

Aufgabe 34 c. Die durchschnittliche Konsumquote lautet C/Y. Die Veränderung der durchschnittlichen Konsumquote ist $d(C/Y)/dY = -C/Y^2 < 0$. Die marginale Konsumquote c ist konstant.

Aufgabe 35 a.

Marginale Konsumneigungen: $(2700-2400) / (2900-2500) = 0,75$; $(3400-2700) / (3800-2900) = 0,78$; $(4140-3400) / (4800-3800) = 0,74$. Die Werte der marginalen Sparneigungen sind demzufolge 0,25; 0,22; 0,26.

Aufgabe 36 a. $Y = C_a + c \cdot Y$; $2.000 = C_a + c \cdot 0$; $C_a = 2.000$; $6.000 = C_a + c \cdot 6.000$; $c = 2/3$.

Aufgabe 37 d. $\Delta BSP = \Delta I/(1-c)$; $(1-c) = 75.000 / 300.000 = 0,25$; $c = 0,75$.

Aufgabe 38 d.

Aufgabe 39 b.

Aufgabe 40 b. $\Delta Y = \Delta I \cdot 1/s$, $\Delta I = 20 \cdot 0,3 = 6$.

Aufgabe 41 e. Aus der vorliegenden Sparfunktion $S(Y) = -23 + 0,3 \cdot Y$ kann die marginale Sparneigung von 0,3 direkt abgelesen werden. Der Investitionsmultiplikator beträgt $1/(1-c) = 1/s = 10/3$.

Aufgabe 42 d. Die marginale Konsumneigung nimmt ab (bzw. die marginale Sparneigung nimmt zu), denn die Steigung der Konsumfunktion nimmt ab.

Aufgabe 43 c. Die Steigung der Sparfunktion nimmt zu, d.h. die marginale Sparneigung steigt bzw. die marginale Konsumneigung nimmt ab.

Aufgabe 44 b. In Volkswirtschaft B ist die Steigung der Sparfunktion geringer als in A, d.h. in B ist die marginale Sparneigung kleiner als in A. Folglich ist der Multiplikatoreffekt von erhöhten Staatsausgaben in Volkswirtschaft B größer.

Aufgabe 45 a. Im Intervall [0;v1[ist die Steigung der Sparfunktion am kleinsten, d.h. die marginale Sparneigung ist dort am kleinsten und somit die marginale Konsumneigung am größten.

Aufgabe 46 e. Die aggregierte Nachfrage – in der Volkswirtschaft dieser Aufgabe bestehend aus privatem Konsum und autonomen Investitionen – ist entscheidend, wenn das Volkseinkommen im Gleichgewicht bestimmt werden soll.

Aufgabe 47 c.

Aufgabe 48 b.

Aufgabe 49 c. Im Punkt E gilt: $(C + I) > Y$.

Aufgabe 50 c.

Y kann bestimmt werden durch die Gleichung $Y = C(Y) + I_0 + G$; aus der gegebenen Sparfunktion kann die Konsumfunktion abgeleitet werden: $C(Y) = 0,9 \cdot Y + 100$; durch Einsetzen der Werte ergibt sich: $Y = 0,9 \cdot Y + 100 + 100 + 200 \Rightarrow Y = 4.000$.

Aufgabe 51 b. $Y = 0,9 \cdot Y + 100 + 100 + G$; $Y = 5.000$; $G = 300$, d.h. G muß gegenüber der Ausgangslage um 100 steigen.

Aufgabe 52 d.

Aufgabe 53 d. Falls der Steuersatz einer Proportionalsteuer variiert wird, verändert sich die Steigung der Konsumfunktion.

Aufgabe 54 a. Graphisch lösen anhand eines AA-AN-Diagramms für die Klassik, die Keynes'sche Theorie und die neoklassische Synthese.

Aufgabe 55 a. Der Staatsausgabenmultiplikator ist betragsmäßig stets größer als der Steuermultiplikator, weil die marginale Konsumneigung kleiner als eins ist (es gilt: $0 < c < 1$).

Aufgabe 56 c.

$\Delta Y/\Delta G = 1/(1-c(1-t))$; $s = 0,2 \Rightarrow c = 1 - s = 0,8$; $\Delta G = 10 \cdot (1-c(1-t)) = 10 \cdot (1-0,8(1-0,5)) = 6$.

Aufgabe 57 a. $Y = C(Y) + I + G$; $3.500 = 450 + 0,6 \cdot DI + 700 + G = 450 + 0,6 \cdot (Y - T(Y)) + 700 + G = 450 + 0,6 \cdot (3.500 - 3.500/6) + 700 + G \Rightarrow G = 600$.

Aufgabe 58 d. $C(Y) = 450 + 0,6 \cdot (Y-Y/6) = 450 + 0,5 \cdot Y$, d.h. die marginale Konsumneigung beträgt 0,5. Der Staatsausgabenmultiplikator ist $1/(1-c) = 1/(1-0,5) = 2$.

Aufgabe 59 b.

$\Delta Y = \Delta I/(1-c)$; $\Delta Y = -\Delta T \cdot c/(1-c)$; $\Delta Y = \Delta I/(1-c) - \Delta T \cdot c/(1-c) = 6/(1-0,8) - 7 \cdot 0,8/(1-0,8) = 2$.

Aufgabe 60 f. $Y = C_a + c \cdot (Y - T) + I + G$; $1000 = 65 + 0,7 \cdot (1000 - T) + 350 + 200$; $T = 450$.

Aufgabe 61 d. Siehe Lehrbuch *Volkswirtschaftslehre 1*, 5. Aufl., S. 314.

Aufgabe 62 d.

$Y = C(Y-T) + I + G$; $Y = C(Y-T) + 140 + 200 = C(Y-T) + 340$; $C(Y-T) = 320$; $Y = 660$.

Aufgabe 63 a. Marginale Konsumneigungen: $(260-230) / (340-280) = (290-260) / (400-340) = (320-290) / (460-400) = (350-320) / (520-460) = 0,5$.

Aufgabe 64 c. Die in den Alternativen (a), (b) und (d) genannten Politikmaßnahmen gehören zur diskretionären Fiskalpolitik, während ein progressives Steuersystem gemäß der nachfrageorientierten Makroökonomik ein automatischer Stabilisator des Konjunkturverlaufs ist.

14. Die Rolle des Geldes in der Makroökonomik

Aufgabe 65 c.

Aufgabe 66 e.

Aufgabe 67 e.

Aufgabe 68 e. Die Summe der Giralgeldmenge läßt sich wie folgt berechnen: $1.250 + 0,8 \cdot 1.250 + 0,8^2 \cdot 1.250 = 1.250 + 1.000 + 800 = 3.050$, denn Bank C leiht das einbezahlte Geld nicht mehr aus.

Aufgabe 69 d. Abnahme der Giralgeldmenge = Abhebung / Mindestreservesatz; Abnahme der Giralgeldmenge = $20.000 / 0,16 = 125.000$.

Aufgabe 70 d. Die Abnahme von M_1 ist geringer, da der Bargeldumlauf steigt.

Aufgabe 71 e. Siehe Lehrbuch *Volkswirtschaftslehre 1*, 5. Aufl., S. 324.

Aufgabe 72 e.

Aufgabe 73 e.

Aufgabe 74 e. Änderung Giralgeld = Änderung der Reserven / Mindestreservesatz = Änderung der Reserven / $0,2 = 1$ Million / $0,2 = 5$ Millionen.

Aufgabe 75 b.

Aufgabe 76 f.

Aufgabe 77 b.

Aufgabe 78 b. Graphisch lösen anhand eines MA-MN-Diagramms: Wenn die Zinselastizität der Geldnachfrage klein ist, verläuft die Geldnachfragekurve relativ steil. Bei einer Verknappung der angebotenen Geldmenge – wodurch die Geldangebotskurve nach links verschoben wird – steigt der Zinssatz ceteris paribus stärker an als im Falle einer großen Zinselastizität der Geldnachfrage, d.h. einer relativ flachen Geldnachfragekurve.

Aufgabe 79 c. Graphisch lösen anhand eines MA-MN-Diagramms und eines AA-AN-Diagramms, wobei die Investitionen negativ vom Zins abhängen.

Aufgabe 80 g. Zeichnen Sie ein AA-AN-Diagramm und ein MA-MN-Diagramm mit vertikaler Geldangebotskurve und verschieben Sie diese nach rechts.

Aufgabe 81 c. Gleichgewicht auf dem Geldmarkt erfordert Identität von angebotener und nachgefragter Geldmenge.

Land A: $M^S = M_A^D = 1.375 + 0,25 \cdot Y_A - 30 \cdot r_A$; $dM^S / dr_A = -30 \Rightarrow dr_A / dM^S = -1/30$;

Land B: $M^S = M_B^D = 1.500 + 0,75 \cdot Y_B - 20 \cdot r_B$; $dM^S / dr_B = -20 \Rightarrow dr_B / dM^S = -1/20$;

$|-1/20| > |-1/30| \Rightarrow$ die Änderung des Zinssatzes aufgrund einer Geldmengenerhöhung ist somit in Land B größer als in Land A.

Aufgabe 82 d. $2.500 = 1.375 + 0,25 \cdot 4.512 - 30 \cdot r_A$; $r_A = 0,1$;

$(dM_A^D / dr_A) \cdot (r_A / M_A) = -30 \cdot 0,1 / 2.500 = -3 / 2.500$.

Aufgabe 83 e. Im Gleichgewicht gilt: Geldnachfrage = Geldangebot $\Rightarrow$

$M^D = M^S$; $M^D = 1.375 + 0,25 \cdot 7.000 - 50 \cdot r = 2.500 \Rightarrow r = 12,5$.

Aufgabe 84 c.

Aufgabe 85 g. Die Geldnachfrage wird bei Keynes in erster Linie vom Zinssatz bestimmt.

Aufgabe 86 a.

Aufgabe 87 a.

Aufgabe 88 f.

Aufgabe 89 e.

Aufgabe 90 d.

Aufgabe 91 b. Die Monetaristen fordern eine Verstetigung des Geldmengenwachstums, welches an die Wachstumsrate des Sozialproduktes gekoppelt werden soll.

Aufgabe 92 b.

Aufgabe 93 b.

Aufgabe 94 a.

Aufgabe 95 a.

1. Schritt: $P_0 \cdot BSP_0 = M_0 \cdot V_0$;

2. Schritt: $P_1 = (M_1\ 0,9 \cdot V_0) / BSP_1$;

3. Schritt: Es soll gelten: $P_1 = P_0$ bei $BSP_1 = BSP_0$;

$(M_0 \cdot V_0) / BSP_0 = (M_1 \cdot 0,9 \cdot V_0) / BSP_0$; $M_1 = 1,111 \cdot M_0$;

$M_1 - M_0 = 0,111 > 0,1$.

Aufgabe 96 f. Die Geldumlaufgeschwindigkeit muß sinken.

Aufgabe 97 b. $M_1 \cdot V_1 = P_1 \cdot BSP_1$ und $M_2 \cdot V_2 = P_2 \cdot BSP_2$. Dabei soll gelten: $BSP_1 = BSP_2 \equiv BSP$.

1. Schritt: Berechnung von BSP: $3.000.000 \cdot 200 = 110 \cdot BSP$; $BSP = 5.454.545{,}455$.

2.. Schritt: $P_2 = M_2 \cdot V_2 / BSP = 275$.

3.. Schritt: Ermittlung des Preisunterschiedes in Prozent: $100 \cdot (P_2 - P_1) / P_1 = 100 \cdot (275 - 110) / 110 =$
$= 150$ Prozent. Das Preisniveau ist in Volkswirtschaft 2 um 150 Prozent höher als in Volkswirtschaft 1.

Aufgabe 98 d. Die Information über das Preisniveau fehlt.

Aufgabe 99 b. $M_0 \cdot V_0 = P_0 \cdot BSP_0$; $P_1 = 1,02 \cdot P_0$; $BSP_1 = 1,04 \cdot BSP_0$.

$V_1 = V_0$; $M_1 = 1,02 \cdot P_0 \cdot 1,04 \cdot BSP_0 / V_0 = 1,0608 \cdot P_0 \cdot BSP_0 / V_0 = 1,0608 \cdot M_0$;

$(M_1 - M_0) / M_0 = 0,0608$. Dies entspricht 6,08 Prozent.

Aufgabe 100 d.

Aufgabe 101 a. In der Theorie von Keynes ist die Zinselastizität der Geldnachfrage hoch (flache Geldnachfragekurve), gemäß der Theorie des Monetarismus ist sie gering (steile Geldnachfragekurve). Die Zinselastizität der Investitionsnachfrage ist im Monetarismus hoch, wogegen bei Keynes die Investitionsnachfrage nicht in erster Linie von der Höhe des Zinssatzes beeinflußt wird (sondern von anderen Faktoren wie den Gewinnerwartungen der Unternehmen).

Aufgabe 102 b. Durch die Berücksichtigung des Geldmarktes wird der Transmissionsmechanismus deshalb in seiner Wirkung auf das BSP geschwächt, weil die aggregierte Nachfrage aufgrund eines höheren Zinssatzes zurückgeht.

Aufgabe 103 c.

15. Die makroökonomische Bedeutung der Phillips-Kurve

Aufgabe 104 f.

Aufgabe 105 c.

Aufgabe 106 c. Der Zielkonflikt zwischen geringer Inflationsrate und geringer Arbeitslosenquote, wie er durch die modifizierte Phillips-Kurve postuliert wird, kommt in Antwort (c) zum Ausdruck.

Aufgabe 107 c.

Zu Aussage (1): Kommt es zu permanenten Erhöhungen der Arbeitslosigkeit während einer Rezession, so spricht man in der Ökonomie von einem Hysteresis-Effekt.

Zu Aussage (2): Langfristig verläuft die Phillips-Kurve vertikal und damit steiler als in der kurzen Frist.

Zu Aussage (3): Werden rationale Erwartungen angenommen, so verstehen die Marktteilnehmer die ökonomischen Zusammenhänge und begehen keine systematischen Fehler bei der Erwartungsbildung. Deshalb besteht für den Staat keine Möglichkeit, die Marktteilnehmer über einen längeren Zeitraum hinweg zu täuschen.

Aufgabe 108 e.

Aufgabe 109 d. Die natürliche Arbeitslosenquote u^* stellt sich bei einer Inflationsrate von null ein: $\pi = 0 \Rightarrow 0 = 5 - 2 \cdot u^* \Rightarrow u^* = 2,5$.

Aufgabe 110 c.

$d\pi/du = 0,036 \cdot (-1) \cdot u^{-2}$, mit $u = 0,036/\pi \Rightarrow d\pi/du = -0,036 \cdot (0,036/\pi)^{-2} = -0,036^{-1} \cdot 0,06^2 = -0,1$.

Aufgabe 111 e.

Die Substitutionselastizität zwischen Inflation (Wirkungsgröße) und Arbeitslosigkeit (Ursachengröße) lautet: $(d\pi/du) \cdot (u/\pi) = 0,0032 \cdot (-1) \cdot u^{-2} \cdot (u/\pi) = 0,0032 \cdot (-1) \cdot 0,08^{-2} \cdot (0,08 / 0,04) = -1$.

Aufgabe 112 c.

Aufgabe 113 d.

Aufgabe 114 b. Bei Abweichungen von der NAIRU kann kein exakter funktionaler Zusammenhang zwischen Inflation und Arbeitslosenrate festgestellt werden.

Aufgabe 115 d. Siehe Lehrbuch *Volkswirtschaftslehre 1*, 5. Aufl., S. 397.

Aufgabe 116 a.

Aufgabe 117 e. Bezogen auf die Arbeitslosigkeit ist in der Ökonomie unter einem Hysteresis-Effekt folgendes zu verstehen: Die negativen Auswirkungen auf die Beschäftigung einer Volkswirtschaft bestehen auch dann noch, wenn der Auslöser für den Anstieg der Arbeitslosigkeit bereits längst verflogen ist.

16. Angebotsorientierte Makroökonomik

Aufgabe 118 c. Gemäß der stilisierten Fakten nach Kaldor (1961) ist der Kapitalkoeffizient nahezu konstant.

Aufgabe 119 g. $Y = 5 \cdot 10.000^{0,3} \cdot 10.000^{0,7} = 50.000$;

$\hat{Y} = \eta_{Y,K} \cdot \hat{K} + \eta_{Y,L} \cdot \hat{L} = 0,3 \cdot (\dot{K}/K) + 0,7 \cdot 0 = 0,3 \cdot [(s \cdot Y - \delta \cdot K) / K] = 0,135$ (13,5 Prozent).

Aufgabe 120 d. $Y = 5 \cdot 100.000^{0,3} \cdot 10.000^{0,7} \approx 99.763,12$; $\hat{Y} = \dot{Y}/Y = 0,0498 \approx 0,05$.

Aufgabe 121 f. Im steady-state muß das Wachstum des realen Bruttoinlandsproduktes ($\hat{Y}$) gleich null sein. Die Wachstumsrate des Produktionsfaktors Arbeit ist null (exogen), folglich ist das Wachstum des Faktors Kapital ebenso gleich null zu setzen.

Es gilt: $s \cdot Y - \delta \cdot K = 0 \Rightarrow s \cdot Y = \delta \cdot K \Rightarrow 0{,}1 \cdot 5 \cdot 10.000^{0,7} \cdot K^{0,3} = 0{,}05 \cdot K$; $K^* \approx 268.269{,}37 > 200.000$.

Aufgabe 122 c.

Aufgabe 123 e.

Aufgabe 124 c.

Aufgabe 125 d. Durch Einsetzen der gegebenen Werte ergibt sich: $Y = K$. Die Wachstumsrate des realen Bruttoinlandsproduktes entspricht somit jener des Kapitals.

$\hat{Y} = \dot{Y}/Y = (s \cdot Y - \delta \cdot K)/K = (0{,}1 \cdot Y - 0{,}05 \cdot 10.000)/K = 0{,}05$ (5 Prozent), da $Y = K = 10.000$.

Aufgabe 126 d. $Y = K = 100.000 \Rightarrow \hat{Y} = \dot{Y}/Y = (s \cdot Y - \delta \cdot K)/Y = (0{,}1 \cdot Y - 0{,}05 \cdot 100.000)/Y = 0{,}05$.

Aufgabe 127 d. Die partielle Produktionselastizität des Faktors Kapital beträgt eins.

Aufgabe 128 c. Zu Aussage (a): Je weiter eine Volkswirtschaft von ihrem steady-state entfernt ist, desto größer ist die Wachstumsrate des Sozialproduktes.

Aufgabe 129 c.

Aufgabe 130 c

Aufgabe 131 c. Antwort (c) ist die richtige Lösung zur Fragestellung dieser Aufgabe, wogegen in Alternative (d) die Definition der Kapitalproduktivität angegeben wird.

Aufgabe 132 b. Alternative (a) liefert die Definition des Arbeitskoeffizienten L/Y in der Produktion (L ist der Inputfaktor Arbeit und Y der Output). Diese Größe entspricht dem Kehrwert der Arbeitsproduktivität Y/L. Alternative (d) beschreibt die partielle Produktionselastizität des Faktors Arbeit.

Aufgabe 133 c. Die Preisindices für den privaten Verbrauch und das Bruttosozialprodukt entwickeln sich antizyklisch und weisen gegenüber dem Referenzzyklus einen Vorlauf von vier Quartalen auf.

Aufgabe 134 b.

Aufgabe 135 b.

Aufgabe 136 e.

Aufgabe 137 d

Aufgabe 138 b.

Aufgabe 139 e.

Aufgabe 140 a. Antwort (a) enthält eine nachfrageorientierte Politikmaßnahme.

Aufgabe 141 a. Bei einer Darstellung im Preis-Mengen-Diagramm zeigt sich, daß die Erweiterung des aggregierten Angebots besonders wirksam ist, wenn die Angebotsfunktion relativ steil verläuft.

Aufgabe 142 c.

Aufgabe 143 d.

17. Internationale Makroökonomik

Aufgabe 144 d.

Aufgabe 145 c.

$Y = C + I + G + X - M$;

$Y = 120 + 0{,}8 \cdot (Y + 50 - 0{,}25 \cdot Y) + 1.100 + 0{,}1 \cdot Y - 10.000 \cdot 0{,}09 + 500 + 400 - 40 - 0{,}2 \cdot Y$;

$Y = 2.440$; $X - M(Y) = 400 - 40 - 0{,}2 \cdot 2.440 = -128$.

Aufgabe 146 a.

Aufgabe 147 d.

Aufgabe 148 c. Der Saldo des internationalen Warenhandels beträgt $0{,}67 - 0{,}64 = 0{,}03$. Der Saldo der Leistungsbilanz ist $0{,}03 - 0{,}02 - 0{,}05 = -0{,}04 < 0$. Somit muß der Saldo der Kapitalbilanz positiv sein, denn der Saldo der Gold- und Devisenbilanz ist null.

Aufgabe 149 a.

Aufgabe 150 b.

Aufgabe 151 b. Dieser Zusammenhang läßt sich graphisch darstellen in einem Preis-Mengen-Diagramm.

Aufgabe 152 b.

Aufgabe 153 d.

Aufgabe 154 d.

Aufgabe 155 d.

Aufgabe 156 d.

Aufgabe 157 a. Siehe Lehrbuch *Volkswirtschaftslehre 1*, 5. Aufl., S. 476.

Aufgabe 158 a. Die bei der Schaffung der Europäischen Währungsunion festgelegten Konvergenzbedingungen enthalten keine Zielwerte für die Arbeitslosenquote in den potentiellen Teilnehmerstaaten.

Aufgabe 159 c. Aussage (1) drückt die intertemporale Belastungswirkung von wachsenden Staatsschulden aus, Aussage (4) bezieht sich auf den crowding-out Effekt.

Aufgabe 160 c.

Aufgabe 161 d. Siehe Lehrbuch *Volkswirtschaftslehre 1*, 5. Aufl., S. 491.

Aufgabe 162 a. Der Effizienzunterschied zwischen E und P ist bei der Produktion von Tuch (2,67) größer als bei der Weinerzeugung (1,6). Damit besitzt E bei der Produktion von Wein gegenüber P einen komparativen Vorteil. P besitzt bei der Herstellung beider Güter einen absoluten Vorteil gegenüber E (Wein: 80 in P zu 50 in E pro Arbeiter; Tuch: 400 in P zu 150 in E pro Arbeiter).

Aufgabe 163 c.
Aufgabe 164 d.

H. Hanusch, T. Kuhn, U. Cantner

Volkswirtschaftslehre 1

Grundlegende Mikro- und Makroökonomik
Unter Mitarbeit von **A. Greiner, J. Krüger**

5., überarb. Aufl. 2000. XVIII, 518 S. 169 Abb. Brosch.
DM 49,90; öS 365,45; sFr 46,45 ISBN 3-540-41149-6

Der erste Band dieser Volkswirtschaftslehre in zwei Bänden präsentiert eine leicht verständliche und moderne Einführung in die volkswirtschaftliche Theorie und Politik. Ohne Vorkenntnisse vorauszusetzen, erläutert es den Studierenden der Anfangssemester an Hochschulen und Wirtschaftsakademien die Grundlagen der Nationalökonomie.

Zu Beginn wird der Leser mit den elementaren Begriffen und Prinzipien der Volkswirtschaftslehre vertraut gemacht. Der weitere Aufbau des Buches folgt den traditionellen großen Teilgebieten Mikroökonomie und Makroökonomie. Der gesamte Lehrstoff wird durch zahlreiche Graphiken und Zahlenbeispiele sowie aktuelle Bezüge ergänzt. So wird die Lektüre erleichtert; Zusammenhänge werden hervorgehoben.

H. Bester

Theorie der Industrieökonomik

2000. XII, 258 S. 58 Abb., 1 Tab. Brosch.
DM 39,90; öS 292,-; sFr 37,-
ISBN 3-540-66613-3

Dieses Buch gibt eine grundlegende Einführung in die Modelle und Methoden der Theorie der Industrieökonomik. Es ist sowohl als vorlesungsbegleitendes Lehrbuch wie auch zum Selbststudium geeignet.

H.-B. Schäfer, C. Ott

Lehrbuch der ökonomischen Analyse des Zivilrechts

3., überarb. u. erw. Aufl. 2000. XXXVII, 654 S. 16 Abb., 19 Tab. (Springer-Lehrbuch) Brosch.
DM 75,-; öS 548,-; sFr 68,50 ISBN 3-540-66908-6

Die Grundlagen der ökonomischen Analyse des Rechts und ihrer Anwendung auf das deutsche Zivilrecht sind hier umfassend dargestellt. Es werden die Normen und Regelungsprobleme mit den Mitteln ökonomischer Theorie analysiert und bewertet.

Springer · Kundenservice
Haberstr. 7 · 69126 Heidelberg
Tel.: (0 62 21) 345 - 217/-218
Fax: (0 62 21) 345 - 229
e-mail: orders@springer.de

Preisänderungen und Irrtümer vorbehalten. d&p · BA 42146/1